Paul Celan

策兰传

[德] 沃夫冈·埃梅里希 著　梁晶晶 译

南京大学出版社

雅众文化 出品

见 证

在当代德语密闭式写作最重要的代表人物保罗·策兰那里，所谓密闭式的经验内涵完全被颠覆。面对着苦难，面对着既拒绝经验式的感知又拒绝被升华的苦难，艺术感到羞耻，这羞耻完全渗透在策兰的诗里。他的诗欲以沉默道出极度的惊恐，其间所含的真则化作一种负像。

特奥多·W. 阿多诺（Theodor W. Adorno），《美学理论》，1969 年

［保罗·策兰］站在最前面，却常回避与人交往。我了解他的一切，也知道那深重的危机。他由此成就了自己，最大限度地成就了自己。

马丁·海德格尔（Martin Heidegger），《致格哈德·鲍曼书》，

1967 年 6 月 23 日

再没有谁的诗歌比他的诗歌更加愤怒，再没有什么诗歌像这样完完全全从苦难中获得灵感。策兰从未停止与过往这条恶龙的对峙。最终，它还是将他吞噬。

保罗·奥斯特（Paul Auster），《流亡的诗学》，1983 年

通过语言上的极度张力与极度减缩，那些在此地向我们言说之物走向我们，它们走向我们，须得坚守那些在自身意义之外还有别样追求的相互纠结的词，那些仅有一定指向而从今开始相互联系的词，通过坚守这样的词并将它们相联合，而非统一，并使它们相互关联起来。

莫里斯·布朗肖（Maurice Blanchot），《最后一个言说者》，1984 年

在很多事情上我要感谢保罗·策兰：激励、分歧、有关孤独的概念，还有有关奥斯维辛还未终结的认识。他的帮助从来就不是直接的，而是存于弦外之音，就像公园中的漫步。

君特·格拉斯（Günter Grass），《奥斯维辛后的写作》，法兰克福诗学讲座，1990 年

携着墓志铭《死亡赋格》，他第一次在我们中登场，携着那些光辉而又晦暗，那些漫行直至夜之尽头的词。在这些诗中，那个"我"弃绝了暴力的表述，弃绝了强索的威望。这威望，他只通过唯一的请求而获得：将我变得苦涩吧，也将我列入此列……那曾经苦涩、萦绕不去的东西……

英格柏格·巴赫曼（Ingeborg Bachmann），法兰克福诗学讲座，1959 年

再说说策兰！让我表现出我的愤怒吧，亲爱的，这不会有损于策兰的声名。我可以告诉你，我在他的身上真的下了很大功夫。对我而言，《语言栅栏》就像一部蒸馏器，像一间装潢考究的炼金士的厨房，一间我不敢进入的屋子。而这一切都因他而起。

约翰内斯·波勃罗夫斯基（Johannes Bobrowski），
《1959 年 8 月 14 日致彼特·约科斯塔（Peter Jokostra）信》

生与死的同在一直是策兰诗作的重大前提之一。[……]每首诗所探寻而希望获得的那个世界是奥秘的。对此，熟悉策兰作品的观察者都会表示认可。然而，我们不可将这种奥秘与完全的非理性混为一谈。一旦出现这样的混淆，理解便无从谈起。

贝达·阿勒曼（Beda Allemann），《致保罗·策兰之后记》，《策兰文集》，1968 年

策兰不是一个"政治性的诗人"。对他而言,是否"贴近时代",是否"与时代相关"并不重要。不过也许正因为此,他的诗才被深深地印上这个时代的烙印。不同于时事性社论文章,不同于哲学式与政治式的时代分析,这些诗是我所见过的最纯粹的表达,在这里,我们能够看到人类精神的巨大古老影像、人类想象力的巨大古老影像与当代灾难之间产生了怎样的碰撞。

埃里希·傅立特(Erich Fried),BBC 广播,德国之声,1954 年

这样,有关死亡集中营的表达不仅化为策兰创作的终点,同时也构成了其前提条件。对于阿多诺那句太过著名的断言"奥斯维辛之后写诗是野蛮的",《密接应和》便是最好的反驳。

彼特·斯丛迪(Peter Szondi),《策兰研究》,1971 年

他非常敏感,不过,这并非在好胜心、名利或者成败上的敏感。他知道,借用荷尔德林的说法,阿波罗击中了他。然而与此同时,他也知道,今天在我们容身的这个世界和这些人群间,他们的作为,德国的所作所为已破灭了那些在 20 世纪 20 年代还可想见的创作可能。

汉斯·迈尔(Hans Mayer),《与保罗·策兰的几个瞬间》,1989 年

以他们所共有的语言的名义抗拒他的杀戮者并迫其屈服。这便是其中最重要的内容所在。

艾德蒙·雅贝斯(Edmond Jabès),《我是怎样解读保罗·策兰的》,1989 年

凡 例

1. 本书根据德国洛夫特袖珍书出版社（Rowohlt Taschenbuch）1999年版本译出。

2. 本书（德文本及中译本）中所有策兰诗文均引自贝达·阿勒曼等人主编的五卷本《策兰文集》(*Gesammelte Werke*, 1953, Frankfurt a.M.)，其中卷一至卷三收录了策兰的诗歌、非诗体文章和演讲词，卷四、卷五收录了策兰的译著。就译文中标出的体例而言，若注记为"(Ⅲ, 196)"者，意即"引自五卷本《策兰文集》之第三卷，第196页"。

3. 脚注说明：有［ ］符者为德文著者所加，大部分为引用出处，如［Huppert（1988）。］即表示这一引用资料来自Huppert所著，于1988年出版的书，详细图书资料可据此作者名在参考书目内找到。其余为译者添加。

4. 本书正文内引诗，循原书体例，"/"表示分行，"//"表示隔一空行或隔段。

5. 本书中删节号加［……］处，均为著者在原书中省略引文而用，为尊重原书，中译循德文原著沿用这一格式。

6. 本书的翻译曾获得策兰诗作译者孟明先生、北京大学外国语学院英语系刘锋教授和法语系孙凯师兄的真挚帮助，特在此表示衷心感谢。

目录

1 导言
"……以纪念他的资讯码"
时间与空间——属于诗的与属于诗人的

青少年时代

23 第一章 切尔诺维茨的少年时代
布科维纳 1920—1940

53 第二章 母亲的语言——凶手的语言
1941—1945

71 第三章 从安彻尔到策兰
布加勒斯特 1945—1947

87 第四章 "我们相爱如罂粟与记忆"
维也纳 1947—1948

巴黎 Ⅰ

107　第五章　从"美的诗"到"灰色的语言"
　　　　巴黎 1948—1958

137　第六章　"我是那个不存在的人"
　　　　德国的，犹太的，俄国的 1958—1963

巴黎 Ⅱ

163　第七章　"……一粒呼吸结晶，/ 你不容辩驳的 / 见证"
　　　　1963—1967

195　第八章　"……说，耶路撒冷它在"
　　　　巴黎 1968 年 5 月—以色列 1969 年 10 月

211　第九章　"……我定是日益向着我的深渊坠落下去"
　　　　1969 年末—1970 年春

227　策兰年表
235　参考文献
248　图片来源

导　言

"……以纪念他的资讯码 *"
时间与空间——属于诗的与属于诗人的

今天，保罗·策兰已被视为1945年以来最重要的德语诗人。他的《死亡赋格》是一首——也许可以说，是唯一的一首——世纪之诗。有时，甚至有人将它和毕加索（Pablo Picasso）的划时代巨作《格尔尼卡》（Guernica）相提并论。1988年，当人们在联邦德国议院悼念1938年11月9日的"水晶之夜"，悼念那场对犹太人的集体迫害时，犹太女演员、导演伊达·埃雷（Ida Ehre）就朗诵了这首诗。[1]

已出版的策兰诗集有多个优秀版本，它们都希望为大众真实呈

---

* 资讯码（Daten）：策兰在阐发其文学观念时用到的一个重要概念。"Daten"是"Datum"的复数形式，在德语中既可指"日期"，又有"资料"的意思。策兰以此词代指一切对作家的存在与其作品而言至关重要的日期、事件和资讯，在此权且译为"资讯码"。具体解释见导言后文。

[1] 1988年11月10日，联邦德国议院举办了"水晶之夜"50周年的纪念仪式。伊达·埃雷在纪念仪式上朗诵了保罗·策兰的诗《死亡赋格》后，议长菲利浦·延宁格（Philipp Jenninger）发表了相关的纪念讲话。发言中，延宁格尝试从当时德国民众的视角出发探讨问题，但其间大量语焉不详的引语，使整篇文章有赞颂希特勒统治与贬斥犹太人之嫌，讲话刚开始几分钟便被听众的嘘声打断。整个演讲期间，数十位议员愤然离席，伊达·埃雷泪流满面；在德国和世界各地，这件事引起了激烈的争论，很快成为轰动一时的政治丑闻，当事人延宁格在事发24小时后辞去了议长的职务。

现策兰的全部作品。1997年后，读者还能看到一套收入诗人大量遗作的作品集。各种解读策兰的研究文字，数目可观，不容小觑，1987年开始出版的《策兰年鉴》[1]，则完全将这位作家的作品作为中心主题。策兰的一些书信被结集成书，大批有关他的回忆性文字也被整理出版，它们叙事准确、感情至诚，让读者和研究者在阅读时具备了多种了解和深化的可能。

同时，这位作家的许多诗作却又如此令人迷惑，让人觉得难以参悟，甚或完全无法理解，于是常有人感叹地将此归因于策兰的生平之不详。从某种程度上说，保罗·策兰是一个隐秘的人——借用他自己的表述方式，他不是一个"内心生活公有化的朋友"。

然而，这是否能够解释他的诗歌为何如此难以理解，为何给人谜一般的印象？这种艰涩在策兰的晚期作品里表现得尤为明显。不过，这些晚期的诗作也更让读者隐约感到，它们的创作来源都基于一段重大的经历，基于写作者本身的困扰迷惘。策兰在同一次交谈中如是说道：

> 我处在与我的读者相异的时空层面；他们只能远远地解读我，他们无法将我把握，他们握住的只是我们之间的栅栏。[2]

策兰为何只愿被"远远地"解读？他为何要在自己和读者间设下栅栏———一道"语言栅栏"（诗人的一部诗集即以此为题）？他

---

[1] 《策兰年鉴》（Celan-Jahrebuch）：德国海德堡温特出版社（C. Winter Universitätsverlag）从1987年开始出版的策兰研究年刊。

[2] ［Huppert（1988），页319。］

是否不仅是隐秘的，同时也是精英式的？他是不是继马拉美和斯特凡·格奥尔格[1]之后，又一位纯粹的形式主义艺术家？

大概再也没有什么说法比这更荒谬了。面对如此"诋毁"，策兰也表示出最强烈的抗议。事实全然相反：一方面，在任何时代、任何语言的写作者中，再也无法找出第二个人能像策兰一样，让曾经的经历和笔下的文字如此紧密地融为一体；另一方面，这些他个人曾有的经历，又绝不只单属其个体。在策兰个人的生平历史和诗作中充满了20世纪的创伤历史，这段恐怖历史在对欧洲犹太人的集体屠杀中达到高峰。对这段历史视而不见的人，无力也无权阅读他的文字。

对此，在策兰最重要的非诗体文字——毕希纳文学奖[2]获奖致辞之中已有阐明。这篇名为《子午线》(Der Meridian)的讲演词完全可被视为策兰有关时代诗歌写作的诗学表述，"时代性"是文章的重点所在。然而在当时，在1960年10月22日策兰于达姆施塔特作此讲演时，听众根本无法意识到，策兰自觉"书写时代诗歌"的使命感有多么强烈，他们也没有意识到，诗人的讲话是怎样地激进而满怀信仰；他们的历史知识面太狭窄，他们的思想准备太欠缺，他们的时代意识还未形成，而在那时的时代意义中当然也有一些可怖的东西。在此，我们也许可以借用策兰自己的说法：

> 每首诗都应将它的"1月20日"载入其间，我们在

---

[1] 格奥尔格（Stefan Anton George，1868—1933），19世纪末、20世纪初德国象征主义的宣导者、诗人，抱持为艺术而艺术的文学观，讲究格律、辞藻和形式。
[2] 毕希纳文学奖（Georg Büchner Preis）：德国最重要的文学奖项，以19世纪德国作家格奥尔格·毕希纳（Georg Büchner，1813—1837）命名，每年颁发一次，获奖者皆为德语作家；一旦入选，即意味此作家已进入经典作家的行列。

此以最明确的方式尝试着时刻不忘这些资讯码——也许今日之诗的新特点便在于此？然而，我们每个人不都是从这些资讯码出发进行写作交流吗？我们要将我们自己归于哪些资讯码？（Ⅲ，196）

听到策兰有关"1 月 20 日"的暗示，很多听众大概都知道，他希望借此让人想到毕希纳小说《伦茨》的开头[1]。然而与此相关，而且与此具有特别关联的另一个"1 月 20 日"——1942 年的 1 月 20 日，却大抵不会有人觉察。1942 年的这一天，纳粹召开对集体屠杀犹太人行为做出周密战略规划的万湖会议[2]。提到一个饱含政治色彩的资讯码，而不言明其间所隐含的内容，这是典型的策兰式做法，也是诗歌中的那个策兰的风格；他任凭听众或读者以兴趣做出抉择，让他们自己决定他们是否认真对待他的言说，是否能解开（按照他的说法：是否"想解开"）他设下的谜。

此外，我们再顺便提及，策兰由此资讯码还引申出了哪些出人意料的联想——如果没有特别的提示，一般读者恐怕很难有所领悟。有说法认为，策兰在另一个 1 月 20 日（1948 年 1 月 20 日）和英格柏格·巴赫曼[3]结识于维也纳。两人之间萌生了持续半年的真挚爱情，

---

1 毕希纳未完成的小说《伦茨》（Lenz），以德国狂飙运动时期（Sturm und Drang）诗人伦茨（Jakob Michael Reinhold Lenz, 1751—1792）的身世为主题，小说开头首句为："1 月 20 日，伦茨在丛山间走过。"
2 1942 年 1 月 20 日，纳粹党人在柏林西南部万湖（Wannsee）一别墅举行万湖会议（Wannseekonferenz）。会上提出"犹太人问题的最后解决办法"，明确了对犹太人的系统性大屠杀。会上的所有记录都被盟军发现并成为纽伦堡法庭证据。
3 英格柏格·巴赫曼（Ingeborg Bachmann, 1926—1973），奥地利女诗人、作家、"四七社"（Gruppe 47，"二战"后德国的一个重要文学团体）成员。1948 年与策兰相识后，二人产生了一段对双方而言至关重要的恋情。这段恋情虽然未能持久，但无论是在感情还是在诗学理念上，他们都对彼此产生了深刻的影响，这影响甚至一直延续至策兰去世以后。

并在后来的日子里长期保持着一种"相当艰难而遥远的"友谊[1]。也有人猜测，诗人也许是想到让·保罗[2]小说《提坦》(Titan)中的章节，一个以"1月20日"为题的章节，它向我们描绘了一种特定的"叙事游戏"。[3] 讲演《子午线》多次言及独特的个人资讯码和集体资讯码（即那些得自当代史和现实的经历）在真正的"今日之诗"[4]上所打下的烙印。按照他在另一处的说法：

> 也许，只有在那些未忘却自己言说于自身此在的倾角、言说于造物倾角的诗歌中，才能找到诗的这种"仍旧－还"(Immer-noch)。（Ⅲ，197）

而在这段文字前几行，慎思后的策兰特别强调说明他的创作重音何在：

> 它既不可能是历史的沉音符，又不可能是永恒的[……]长音符：我将它设为——别无选择地将它设为——

---

1 [参见《我听见，斧子已开花》(Ich höre, die Axt hat geblüht；Ⅱ，342) 及 Lütz (1996)。]
2 让·保罗 (Jean Paul, 1763—1825)，本名约翰·保罗·弗里德里希·里希特 (Johann Paul Friedrich Richter)，作家。其作品主要为长篇小说。在他之后，长篇小说成为德语文学家所偏爱的文学创作形式。
3 [Jean Paul: *Werke 3*, München, 1961, 页 875。]
4 策兰语。正如下文中所提到的，策兰认为当代诗歌所关注的既不应为历史，也不应为美学方面的永恒之物，而应为当下这个时代，所以在此有"今日之诗"一说。

尖音符。[1]（Ⅲ，190）

1960年的《子午线》演讲中，策兰的整个话题都围绕着当今文学创作的时空定位。对于所有那些写于大屠杀之后，不愿脱离时代、不愿丧失责任感的文学而言，"1942年1月20日"这个以隐晦形式出现在文中的资讯码，可被视为一种信号[2]。与其他在大屠杀中因幸运或意外得以幸存、离散于世界各地的犹太人一样，策兰也蜷身生存在特别的"此在倾角"之下；即使未被夺去性命，他依旧难以从这样的存在状态中离脱。1942到1943年的那个冬天，策兰先后得知父母在集中营里身亡，从此永远无法克服的创伤经历便写入了他的全部生命，写入他的诗作中。在这个伤痛的经历里，有三方面的因素相互纠结，组成策兰生命中永恒的尖音符：从未减退的哀悼，尤其是对挚爱母亲的哀悼；无尽负罪感的自责——为什么偏偏是他活了下来；以及与世上一切犹太人、一切业已亡去的及尚存于世的犹太人一体的感受，这感觉有时是切身的体验，更多的时候则是一种文学想象。

---

[1] 策兰在此借重音的使用来说明自己的文学创作观，此番比喻应该与古希腊语中的重音使用有关。在古希腊语中，"尖音符"（Akut）是一种音调上扬的重音，尖锐而强烈，又译作"高调""昂音""锐调"。从语调上看，上扬的音调一般表示句子还未结束。策兰很可能因此将"尖音符"设为"正在进行中行为"的象征，认为"尖音符"所代表的是一个仍然生动进行着的过程。在时间轴上，"尖音符"便成了当下的对应。"沉音符"（Gravis）与"尖音符"正好相反，它是一种音调下降的重音，又译作"低调""抑音"或"钝调"。就好比陈述句结束时要用降调一样，"沉音符"在比喻的意义上说明一个过程已经结束、已经成为历史，对应于时间轴上的过去。"长音符"（Zirkumflex）用在长母音或复合元音上，表示先升后降的语调，又译作"起伏音""高低合调""长音"或"折调"。由于"长音符"是"尖音符"与"沉音符"的结合，同时涵括了当下与历史，于是它便成了"永恒"的化身。

[2] ［又参见《图宾根，一月》（*Tübingen, Jänner*；Ⅰ, 226）与《写入一月》（*Eingejännert*, Ⅱ, 351）。］

三十多年来，伤痛的时空体验无法隐去，没有终结；然而，这些体验如何见诸策兰的诗作？对这些旧日经历的记录与转写，又如何实现于诗歌文本？我们常听说，诗歌文本与传记性的真实经历相去甚远，如若果真如此，我们是否应将策兰的诗歌与生平区分对待，仅将前者作为"纯粹的艺术作品"予以阅读？反言之，策兰本身已将所经历事件的陌生化推至了相当程度，他的大多数诗歌也未进一步透露出任何能让人产生联想的生平印迹；是不是正因为此，对于策兰生平的兴趣就不具合法性，这样的做法就有违"阅读的伦理"[1]呢？

在策兰的有生之年，公众都惯于将他的诗歌指为密闭的或隐秘的，一言蔽之：读不懂。于是，要读懂它们似乎也成为一种苛求。类似的现象在诗集《语言栅栏》（*Sprachgitter*）出版后表现得尤为明显。面对这样的偏见，策兰的反应显得颇为激动，有时甚至会怒不可遏。一次，他曾对作家朋友阿尔诺·赖因弗兰克[2]这样说道：

> 大家都说，我最近出版的一本书[3]是用密码书写的。请您相信我，此中的每一个字都和现实直接相关。可是，他们没有读懂。[4]

1961 年，伊斯拉埃尔·沙尔芬（Israel Chalfen，为策兰青少年

---

[1] ［Sigrid Weigel: *Sie sagten sich Helles und Dunkles-Ingeborg Bachmanns literarischer Dialog mit Paul Celan.* 见 *Text + Kritik*. Heft 6 / 1995，页 123。］
[2] 阿尔诺·赖因弗兰克（Arno Reinfrank, 1934—2001），德国作家、出版人、翻译家，海外德语作家笔会秘书长，1955 年因政治原因迁居伦敦。
[3] ［即出版于 1968 年的《诗歌选》（*Ausgewählte Gedichte*）。］
[4] ［Reinfrank（1971），页 73。］

时代作传的作家）[1]曾请策兰帮他解读那些难懂的诗歌，策兰对此的回答仅仅是："读吧！不断地去读！意义自会显现。"[2]作者的建议当然颇有价值，但至今从头到尾"通读"过策兰诗歌的应该尚无一人。如果读者想使初读诗歌时所感受到的魅力变得恒久，而不使其沦为一次令人失望的"相遇"（这是策兰用来描述诗歌和读者间关系的关键字），那么，他就必须了解诗歌中的资讯码。

策兰相当频繁地，特别是在之前被援引的《子午线》一文的片段中频繁地用到"资讯码"这个能够带给读者强烈时代气息的表达方式，而且是在相当广义的层面上。"资讯码"（按字面可解意为"业已存在之物"）可能有着多重含义；它是日历上的时间说明，在策兰的理解中也是一切可能的事实与信息，它们可能来源于历史、政治、文学、语言，抑或个人的经历。曾经在作家生命和思想中的某一刻，它们显得那样至关重要，而这也正是它们的共通之处。于是，一些重要的资讯码出现了，首先是前文提到的（1942年）1月20日，从诗人的个人角度来看，它是母亲的忌日（具体时间不详）。此外，还有那个从犹太历史发端，经由死亡集中营，一直延伸到以色列的重要资讯码综合体——犹太性（Judentum）；策兰由此中来，也将自己归于此间。不过，诗人从未将其直接转变为诗歌中的文字，他从来没有如彼得·魏斯[3]那样，以《我之乡》（Meine

---

[1] 该传记名为《保罗·策兰：一部少年时代的传记》（*Paul Celan. Eine Biographie seiner Jugend*, 1979）。书中描写了1948年以前策兰在切尔诺维茨和布加勒斯特的生活。

[2] ［Chalfen（1979），页7。］

[3] 彼得·魏斯（Peter Weiss, 1916–1982），画家、导演、小说家、剧作家，1934年随家人流亡至英国、捷克、瑞典等地，去世后被颁予1982年的毕希纳文学奖。

Ortschaft）为题撰写文章；不同于魏斯在文中明确提及"奥斯维辛"（Auschwitz）[1]，并通过直接的生平经历建立自己与此地的归属关系，"奥斯维辛"这一关键词从未直接出现于策兰的诗歌。

策兰诗歌还有其他一些历史、政治上的资讯码，如，西班牙内战、1934年维也纳工人起义、1945年8月的广岛原子弹、

> 诗之地是一方人性化的所在，是"寰宇中的所在"，当然，就是在这里，在这凡尘下界，在时代中。诗，与它的种种视域，一直是一种月下的、尘世的、造物的现象。它是获得一定形式的个体的语言，它是物化的、对生的、当下的、见证的。它置身于时代之中。
>
> 保罗·策兰，《奥西普·曼德尔施塔姆的文学创作》

越南战争、1968年的巴黎五月风暴以及1968年的布拉格之春。所有这些资讯码都和这地球上的被贬抑和被侮辱者有关，——这是"与被迫害者结成晚到的、不/沉默的、耀目的联盟"（Ⅱ，25）。

不过，策兰诗中也有一些令人颇感意外的资讯码，例如不常见的植物名或是矿工间的行话，地质学和天文学中的专业术语，希伯来语、意第绪语[2]以及拉丁语词汇，还有取自中古高地德语的说法以及一些极口语的时下俚语。此外，还有一些意味深长的资讯码，它们源于犹太教，特别是哈西德派[3]的宗教史（对于今天想与诗歌"相

---

[1] 作为一名经历了"二战"的犹太人，彼得·魏斯在《我之乡》中将奥斯维辛作为自己的发源地。

[2] 意第绪语：通行于中欧和东欧各国犹太人间的一种语言，由中古高地德语、希伯来语、罗曼语和斯拉夫语混合而成。

[3] 哈西德派：指公元前3世纪到前2世纪的一个犹太教派别，希伯来文意为"虔诚者"。他们以复兴犹太国为主旨，反对希腊化，支持马加比（The Maccabees，犹太国家自由解放运动者）领导的战争，是法利赛人和艾赛尼派的先驱。另外，哈西德派也指18世纪中叶出现于波兰犹太人中的神秘宗教团体。19世纪中叶其教徒已占东欧犹太人的半数。该派反对《塔木德》（Talmud）教义，宣传泛神论，强调通过狂热的祈祷与神结合，认为禁欲苦修违背神意，相信弥赛亚即将来临，解救其苦难。

遇"的读者而言，不懂这些历史，便会感到特别有障碍），它们各自的重要性在策兰诗歌的不同阶段又表现得有所差异。

有时，也会出现常见于现代文学的互文现象。这是一场多少有些公开性的对话，对话的一方是现代文本，而另一方则是特定的文学传统体系或者其间的某个文本，这样的做法在策兰诗作中也一直占有重要位置。当然，作家无意借此类互文性的文字彰显自己的博学，虽然非凡的博学之于策兰是不言而喻的。在此，策兰和与他有颇多共同点的巴赫曼一样：于他而言，引语不是一般意义上的引语，它们更是"生活"[1]。就这点而言，这些"引语"可以在同一首诗，同一诗行的相邻之处以完全不同的方式和"资讯码"相遇，甚至是与最私人化的资讯码相遇。策兰的诗歌以直接的——或更多时候以非直接的方式——提到一些人，他们和作家个人甚为亲近，都是他所深爱着的人，尤其是策兰的母亲，以及他的妻子和儿子埃里克（Eric）。

其他友人有时也会进入诗歌，如年轻时的朋友埃里希·艾因霍恩（Erich Einhorn），情人英格柏格·巴赫曼，诗人朋友、命运的同路人奈莉·萨克斯[2]以及许多其他人。在策兰看来，这样的做法顺理成章，因为他的诗歌从来不是自说自话的独白，与此相反，它们总希望能够触及某个特定的或者未进一步言明的"你"。在进入诗人虚拟对话的重要人物中，有好几个都是亡者：首先是他的母

---

[1] ［Bachmann: *Wir müssen wahre Sätze finden. Gespräche und Interviews*, München/Zürich, 1983, 页69。］巴赫曼在文中写道："对我而言，这不是引语。对我而言，没有引语，只有文学中少许一些一直让我激动的地方。对我而言，它们就是生活。我援引这些话，不是因为我喜欢它们，不是因为它们动听，也不是因为它们很重要，而是因为它们真正令我激动。就像生活本身。"

[2] 奈莉·萨克斯（Nelly Sachs, 1891—1970），德国犹太诗人、作家，1940年逃亡瑞典，后定居于斯德哥尔摩。1966年，她与以色列作家萨缪尔·约瑟夫·阿格农（Shmuel Yosef Agnon）共获诺贝尔文学奖。

亲，父亲也出现了几次，还有出世不久旋即夭折的儿子弗朗索瓦（François），当然也有一些在存在上和他走得很近的诗人和思想家，如奥西普·曼德尔施塔姆[1]、玛丽娜·茨维塔耶娃[2]、弗兰茨·卡夫卡（Franz Kafka）、瓦尔特·本雅明（Walter Benjamin）、弗里德里希·荷尔德林（Friedrich Hölderlin）、伦勃朗（Rembrandt Harmenszoon van Rijn）或凡·高（Vincent van Gogh）。他们的命运与他们的作品也是一种"业已存在之物"；一种已逝的业已存在，一种进入诗歌文本中那越来越密集的资讯码之网的业已存在。

用一个例子也许能够大略描绘出策兰诗歌复杂的构成过程。1967年出版的诗集《呼吸转点》(*Atemwende*)收录了这首诗：

COAGULA

还有你的

伤，罗莎。

你的罗马尼亚野牛的

犄角的光

替代了那星星于

沙床之上，在

---

[1] 奥西普·曼德尔施塔姆（Ossip Mandelstam, 1891—1938），俄罗斯白银时代的诗人。著有诗集《石头》《悲伤》等。另有大量写于流放地沃罗涅什的诗歌在他逝世多年后出版。1933年，他因写诗讽刺斯大林，次年即遭逮捕和流放，最后悲惨地死在远东的劳改营。其姓氏之通用拼写法为"Mandelstam"，策兰为了表示此"曼德尔施塔姆"不同于其他"曼德尔施塔姆"，坚持将其拼写为"Mandelstamm"。

[2] 玛丽娜·茨维塔耶娃（Marina Tsvetaeva, 1892—1941），俄罗斯白银时代诗人、小说家、剧作家。1922年移居布拉格，三年后转往巴黎，1939年回到苏联，1941年自杀身亡。

> 兀自言说的，红色
>
> 灰烬般强悍的枪托中。　（Ⅱ，83）

如果有一个不熟悉策兰诗的读者想尝试理解这首诗，他大概会觉得完全不知所措。翻翻外来语词典，就能知道"Coagulum"的意思是（血液）凝块，是一些渗出的东西；看到"罗莎"一词，也许会联想到罗莎·卢森堡[1]，那位在1919年1月15日至16日夜里被杀害的"红色罗莎"（"还有你的／伤，罗莎。"）。由这里开始，读者便踏上了一条能够不断深入的路。也许，"红色／灰烬般强悍的枪托"还会令人想起罗莎·卢森堡（以及卡尔·李普克内西[2]）遭谋杀前所受到的虐待。倘若继续挖掘下去，我们将会在作品的历史校勘版中看到，在写就于1962年11月的一个早期版本里，确实出现了"罗莎·卢森堡"的全名。[3]

我们还能充分证明，策兰在1967年12月的柏林之行期间曾去过兰德韦尔运河（Landwehrkanal），而罗莎·卢森堡死后正被弃尸于此。翻开卢森堡的狱中通信，便可看到一段感人的文字。1917年12月中旬，这位被监禁者从布列斯劳（Breslauer）狱中写信给苏菲·李普克内西[4]，向她描述了自己先前在院中看到"战利品，[……]罗马尼亚"公牛时的情形；它们遭到士兵的虐待，鲜血从一头幼兽"新鲜的伤口"中流淌而出，这只野兽：

1　罗莎·卢森堡（Rosa Luxemburg，1871—1919），德国犹太人，共产主义运动的政治活动家和理论家，德国社会民主党和第二国际中仅次于李普克内西的左派领袖。
2　卡尔·李普克内西（Karl Liebknecht，1871—1919），共产主义运动的政治活动家和理论家、德国社会民主党和第二国际的左派领袖。
3　[历史校勘版7.2，页189。]在历史校勘版中可以看到策兰对其诗歌的修改过程。
4　卡尔·李普克内西的第二任妻子。

[……]正（望向）前方，乌黑的面庞和温柔乌黑的眼睛看上去就像一个哭泣的孩子［……］我站在他的面前，那野兽看着我。泪水从我眼中淌下——这是他的眼泪。震惊中，我因着这平静的痛而抽搐，哀悼最亲密兄弟的伤痛的抽搐也莫过于此。美丽、自由、肥美、葱郁的罗马尼亚草原已经失落，它们是那么遥远，那么难以企及。[1]

也许，阅读面较广的读者还会想到卡夫卡小说《乡村医生》(*Ein Landarzt*)中的女仆。这个成为残忍仆从牺牲品的姑娘也叫罗莎，而且这个故事是关于一个青年人的血红的"伤口"。人们也很容易联想到策兰在1947年以前一直持有罗马尼亚国籍，也许正是因为身世之故，"罗马尼亚的水牛"才进入这首诗。此外，看过沙尔芬的青年策兰传记的读者也许还会记得，1945年后，策兰在布加勒斯特（Bukarest）[2]曾和一位名叫罗莎·莱博维奇（Rosa Leibovici）的姑娘关系甚密[3]。有关该诗的最明确的说法，出现在策兰写给他布加勒斯特时代挚友彼得·所罗门（Petre Solomon）的一封信里，信件早在1970年就已被公诸于世，策兰写道：

在诗集《呼吸转点》第七十九页上，罗莎·卢森堡透过监狱栏杆所看到的罗马尼亚水牛和卡夫卡《乡村医

---

1 ［Luxemburg: *Ges. Briefe (=Werke 5)*, Berlin, 1984，页349—350。］
2 罗马尼亚首都。
3 ［Chalfen，页150。］

生》中的句子汇聚到一起，和罗莎这个名字汇聚到一起。我要让其凝结，我要尝试着让其凝结。[1]

就这样，历史上的、文学中的、自身经历过的来源各异的"资讯码"被一一查找出来，成为"Anamnese"[2]。在此应从"Anamnese"一词的双重意义加以理解，它既是灵魂（Seele）对其天赋理型（Idee，按照柏拉图的说法）的回想，也是患者自述的既往病史（这一医学术语后来也成为心理学和政治学用语）。在"伤"这个符号中，许多互不相干的地点、时间和人物被结为一体[3]，在想象中被融合，继而被"凝结"成诗的文本质地。卡夫卡笔下被虐待的女仆罗莎、犹太社会主义者罗莎·卢森堡和来自策兰故土罗马尼亚的被虐动物（她曾为之哭泣，像哀悼人类兄弟一样为之哭泣），也许还有布加勒斯特的情人罗莎·莱博维奇。一道想象中的线将一切聚合在一起，两种"Coagula"——真实的血凝块和文字的凝结——是同一物的两面。

策兰作品，特别是他的晚期作品，就是这样进行着双重的记录；他常在一定的语境中记录下确实的生平经历，文字却又超出了纯传记式记载，而另有一番样子，曾经的经历被改写为谜样的、只能被"远远"解读的文字。事实上，读者常会觉得置身于一个完全不同的时空维度，即使许多写入和织入文本结构中的东西已被"破解"，情形还是如此。读者总是一再面临这样的悖论：有人总是将自己显露，同时却又将自己隐藏。同处于悖论中的还有策兰的创作过程，

---

1 ［参见1967年11月23日策兰书信，见Solomon（1982），页30；另参见Buhr/Reuß（1991），页221—222，及Sparr（1989），页114—117。］

2 ［1967年11月23日信。］"Anamnese"医学上指"既往病史"，心理学上指"记忆、回忆"。

3 ［参见《同一》(*In eins*，Ⅰ，270)。］

他在诗歌的初稿中附注日期，却又于付梓时将写作时间隐去，他在1960年受到公开的剽窃指控后，便更是一直遵循这样的做法不悖。和1960年代的诗作相比，他早期（直至1950年代）的作品显得好懂得多。这些诗作中虽然出现了许多极人为化的图像语言，但还能读懂。至于诗人后来借由记录和改写而进行的简笔勾勒，我们在这些早期的诗歌作品中还只能隐约见到一些雏形。我们将在书的一章中具体说明，1950年代末，保罗·策兰为何转向这一写作方式，在这里，只先为这一观点勾勒出大致的轮廓。观念的最终形成最迟应在1960至1961年间，在那场对他伤害至深的剽窃指控中。之后，他就再也不曾将它放弃。

在策兰看来，斯时斯世，已绝无可能再以一种单纯直接的方式使用德语；这是他亲爱的母语，同时却又是杀母凶手的语言。战后第十二与第十五年的经历[1]已告诉他，尽管再三要求，对纳粹过往的"清结"[2]依然无从谈起。于是，他和他诗歌的非犹太人德语读者——他们曾经是，并且从来就是他最主要的读者群——之间，被一道深壑隔离；既然如此，这沟壑也应在语言上有所标示，对此，每首诗都有新的形式，但它们主要被表现为一种障碍，阻拦人们进行照单全收的习惯性直接理解，那样单纯的直接解读，最终甚至会令读者

---

[1] 此处所指应为策兰在1957年"布莱梅文学奖"颁奖典礼上所遭到的剽窃质疑，以及1960年克蕾尔·戈尔（Claire Goll）与数家德国报纸引发的"剽窃指控"风波。详情请参见后文第二章。

[2] 清结（Bewältigung）：源于战后德国"清结历史"（Vergangenheitsbewältigung）政策。该说法由历史学家赫尔曼·海姆佩尔（Hermann Heimpel）首先提出。后来，联邦德国首任总统特奥多·豪斯（Theodor Heuss）在讲话中多次引用这一说法。与"清算历史"（Vergangenheitsaufarbeitung）的提法不同，"清结"有"战胜、了结"之意。由于这项历史政策的本意为"与历史做出了断"，因而有"忘却历史"之嫌。于是，"清结历史"的说法为人所诟病。在后文中出现的另一说法"清结文学"（Bewältigungsliteratur）也与此相关。

（通常是完全善意地）产生幻觉，以为一旦读懂作品，便与牺牲者达成和解，便和他们同了呼吸。

与之形成对比的，是另一种不屈不挠的坚持。作为策兰诗歌的读者，只有尊重诗作的陌生性，才有权阅读它们。策兰用以显示"疏离"的方法十分多面且富于创新，其中最重要的便是我们之前描述的方式——在语义层面，将各种不相同的资讯码加以浓缩融汇。和这些资讯码一同进入诗歌的，还有语言素材的陌生化过程。策兰曾经亲见这些语言素材，和人一样被卷入纳粹统治的杀戮磨坊；对他而言，以诗的方式来处理语言，已成为一种乌托邦，在这乌托邦里，各种臆断式的直接交流被摒弃，进而异化作非人类的发音，如咿呀、马嘶、鸡鸣、鸦啼。诗人卡夫卡之诗《法兰克福，九月》中写道："喉间爆破音／在吟唱。"（Ⅱ，114）

最杰出的体验诗和即兴诗[1]诗人歌德曾有论断："诗的内容即自我生活的内容。"[2] 听来也许出人意料，但除此之外大概再也没有什么其他的说法，更适于用作策兰的注脚。1962年，策兰在给切尔诺维茨老友埃里希·艾因霍恩的信中写道：

> 我从未写过一行与我之存在无关的文字，我是一个——你也看到了——现实主义者，我自己方式的现实主义者。[3]

只是，"自我生活的内容"在距歌德两百多年之后，产生了何

---

[1] 体验诗：根据自身经历而作之诗歌。即兴诗：因某事的发生而作的诗。
[2] ［魏玛版。Abtlg. I. Bd. 42.2，页107。］
[3] ［1962年6月23日信，见Einhorn（1998），页31。］

等深刻的变化！降临于人类，特别是欧洲犹太人身上的遭遇，给人带来怎么样的创伤，具有多么深的毁灭意义！

策兰希望诗歌在阅读中被当作完全现实的、立于时代之中的文字，而非"écriture pure"[1]。若按照作者自己设定的意义，阅读文本就不可能对诗的原创者，对保罗·策兰这一真实主体视而不见（虽然在许多诗作中，真实主体将自己弥散于各色叙事主体之间）；他甚至特别要求人们要尊重他的生命经历，那令人精神狂乱而激愤的生命历史。所以，为策兰作传是可能的，也是有据的。因为篇幅关系，导言中无法尽述策兰的一生，然而在一切必要之处，在一切依据以上思维方式看来的必要之处，他的一生留下了生的痕迹，并时时使我们看见那由个人和超越个人之物罗织而成的存在本质。至此，我们不由得忆起收录于《时间农庄》(*Zeitgehöft*) 中的一首诗，这是诗人的晚期作品。诗歌开头如是写道：

> 你横亘出来
> 于你之上，
> 超越于你之上
> 横亘着你的命运　　（Ⅲ，73）

---

[1] 法语，意为"纯文字"。

青少年时代

第一章

切尔诺维茨的少年时代

布科维纳 1920—1940

第二章

母亲的语言——凶手的语言

1941—1945

第三章

从安彻尔到策兰

布加勒斯特 1945—1947

第四章

"我们相爱如罂粟与记忆"

维也纳 1947—1948

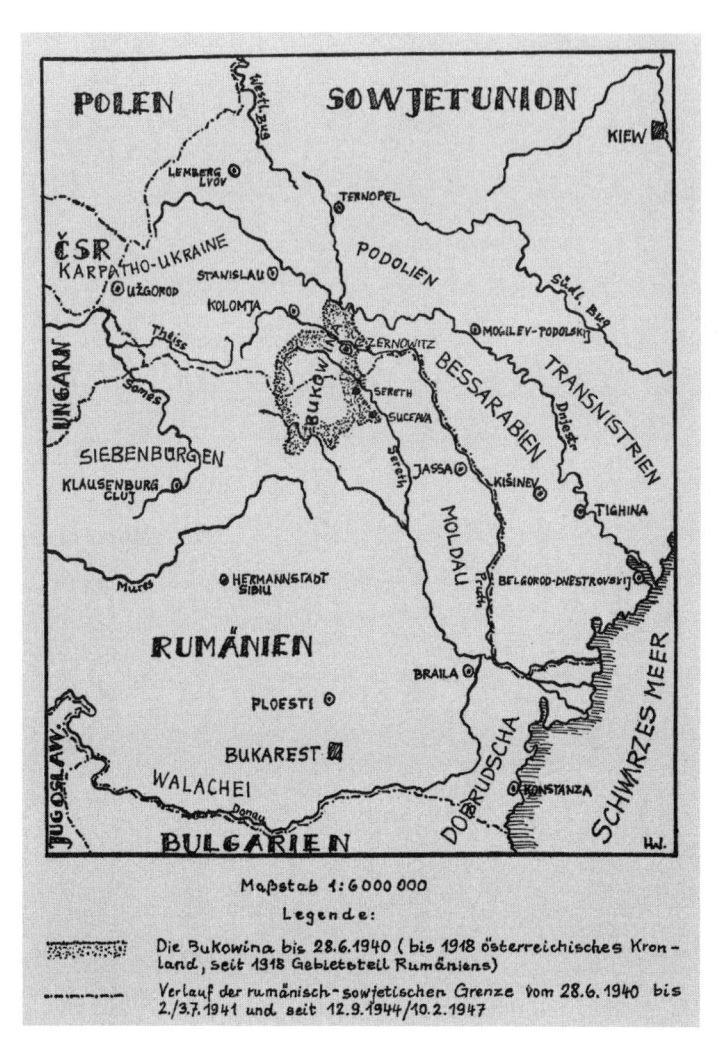

比例 1:6 000 000

图示说明：

1940 年 6 月 28 日前的布科维纳

（1918 年前为奥地利属地，1918 年以后为罗马尼亚领土）

1940 年 6 月 28 日至 1941 年 7 月 2—3 日及 1944 年 9 月 12 日 /1947 年 2 月 10 日以后罗马尼亚与苏联间的国界

第一章　切尔诺维茨的少年时代

布科维纳 1920—1940

"这土地，它将我 / 造就。"——1901 年生于切尔诺维茨的女诗人罗泽·奥斯伦德尔[1]在她的诗歌《布科维纳 II》(*Bukowina II*) 的开头这样写道[2]。她认为，是布科维纳（直到 1918 年，这片土地还属于奥匈帝国的东部疆土）的文化版图，真正"造就"了她。在这一点上与她颇有同感的，还有生于斯长于斯的其他那些德语犹太作家，譬如中学时便由加利西亚[3]迁至此地的切尔诺维茨文学之父卡

1　罗泽·奥斯伦德尔（Rose Ausländer, 1901—1988），以德语写作的犹太女诗人。"二战"时与策兰相识于犹太聚居区，两人曾在避居的地下室内互为对方朗诵自己的诗作。在谈到出生地切尔诺维茨对自己文学创作的影响时，奥斯伦德尔曾说："也许是因为我在切尔诺维茨降生于世，也许是因为这个切尔诺维茨的世界降临于我，这特别的土地，那些特别的人、特别的童话、特别的神话故事飘浮在这里的空气中，被人们吸入体内。"四种语言并行的切尔诺维茨是一所音乐之城，这里有大批的艺术家、文学家，有许多艺术、文学与哲学的爱好者，后来，当这位女诗人开始流离失所的生涯，语言便成了她的精神家园："我的父之国已死 / 他们将它葬于火中 / 我生活在我的母之国度 / 文字。"

2　［Ausländer: *Ges.Gedichte*, Köln, 1977, 页 353，另见本书第三章。］

3　加利西亚（Galizien）：中欧历史上的一个地区名，现分属乌克兰和波兰。

尔·埃米尔·弗兰佐斯[1]、与他同时代的伊萨克·施赖尔[2]、导师与父亲式的朋友阿尔弗雷德·马尔古-施佩贝尔[3]、摩西·罗森克兰茨[4]、克拉拉·布卢姆[5]和阿尔弗雷德·基特纳[6]。在他们之外，还有策兰的同辈人：曾和他有过短暂同窗之谊的阿尔弗雷德·贡[7]和伊曼纽尔·魏斯葛拉斯[8]，以及年轻一些的曼弗雷德·温克勒[9]、埃尔泽·克伦[10]和策兰的表妹塞尔玛·梅尔鲍姆-艾辛格[11]。除此之外，还有一些非犹太裔作家：格奥尔格·德罗兹多夫斯基[12]、伊莉莎白·阿克斯曼[13]和《马格里布纪事》(*Maghrebinischen Geschichten*)的作者格雷戈尔·冯·雷

---

[1] 卡尔·埃米尔·弗兰佐斯（Karl Emil Franzos, 1848—1904），19世纪东欧犹太聚居区的著名记者、作家与出版人，编辑出版了格奥尔格·毕希纳的重要作品。在政治文化上，他一方面对种族主义怀有很大反感，另一方面却又认为日耳曼文化是最高文化，落后的东欧需要日耳曼文化的开化，不过，他不赞成东欧的日耳曼化。加利西亚、罗马尼亚、南俄罗斯等东欧地区的落后状况是其作品的重要主题，他将其称为"半亚洲"，并对其间的哈西德教派狂热分子进行严厉的批判。

[2] 伊萨克·施赖尔（Isaac Schreyer, 1890—1948），记者、出版人、作家、翻译家、诗人。

[3] 阿尔弗雷德·马尔古-施佩贝尔（Alfred Margul-Sperber, 1898—1967），政府雇员、代理人、语言教师、编辑。罗马尼亚德语犹太文学的重要代表人物之一。

[4] 摩西·罗森克兰茨（Moses Rosenkranz, 1904—2003），作家、诗人。

[5] 克拉拉·布卢姆（Klara Blum, 1904—1971），作家。

[6] 阿尔弗雷德·基特纳（Alfred Kittner, 1906—1991），专业图书馆管理员、播音员、翻译家、作家、诗人。

[7] 阿尔弗雷德·贡（Alfred Gong, 1920—1981），翻译家、职员、诗人。

[8] 伊曼纽尔·魏斯葛拉斯（Immanuel Weißglas, 1920—1979），军医、钢琴家、编辑、档案员。

[9] 曼弗雷德·温克勒（Manfred Winkler, 1922—2014），技术员、作家、翻译家、雕塑家。

[10] 埃尔泽·克伦（Else Keren, 1924—1995），教师、画家、诗人。

[11] 塞尔玛·梅尔鲍姆-艾辛格（Selma Meerbaum-Eisinger, 1924—1942），诗人。

[12] 格奥尔格·德罗兹多夫斯基（Georg Drozdowski, 1899—1897），银行职员、戏剧顾问、演员、作家、翻译家、诗人。

[13] 伊莉莎白·阿克斯曼（Elisabeth Axmann, 1926—2015）教师、编辑。写有散文、诗和评论文章。

佐里[1]。他们和同时代的其他民族作家一起吟唱出"四种语言如兄弟般应和的 / 歌 / 在这纷乱的时代里"[2]——用德语、罗马尼亚语、乌克兰语和意第绪语。

米洛·多尔[3]回忆说,当保罗·策兰1947年末现身维也纳时,他"简直源自虚无"[4];不过,这只是1945年布科维纳文化版图的陷落带给人们的印象,保罗·策兰曾一再忆起他自己的源起之地(Ⅲ,202),忆起他"爱得要命"的切尔诺维茨[5],并将自己视作"带着喀尔巴阡式印记的人"[6]。他的诗集《呼吸转点》中一首写于1964年的诗,在起首处这样写道:

黑色,
如记忆之伤,
眼挖掘着寻你
在这被心之牙咬
亮的属地,
在这永是我们的床的地方:

你定要穿过这矿道而来——
你来了 (Ⅱ,57)

---

1 格雷戈尔·冯·雷佐里(Gregor von Rezzori,1914—1998),记者、作家、艺术品收藏者。
2 [Ausländer: *Ges. Gedichte*, Köln, 1977,页353,见本书第三章。]
3 米洛·多尔(Milo Dor,1923—2005),作家、出版人、新闻工作者。"二战"中因加入塞尔维亚抵抗组织而遭纳粹监禁与拷打,后被送至维也纳参加强制劳动。
4 [Dor 见 Meinecke(1970),页281。]
5 [Huppert(1988),页322。]
6 [1962年9月12日信。见 Margul-Sperber(1975),页59。]

童年故土，曾经的哈布斯堡王朝属地，它"被心之牙咬／亮"；故土已随它的人民一同殒落，只遗下一道黑色的"记忆之伤"；可是，它终其一生都是策兰的床，诗人在这张床上幻想，并一次次重新忆起在文化黄金时代度过的童年和青年时光。

一种文化总存在于一定的空间和时间，且正如它于这两大维度之中的存在一样，它也将在其间消亡。在布痕兰德[1]及其首府切尔诺维茨，占统治地位的是一种前后延续了近一百五十年的传统：鲜活的、烙有犹太德语印记的文化，这段文化曾如此绚烂而短暂地绽放，如此丰富，激发了三四代艺术家和知识分子的灵感；然而，到了20世纪40年代，它竟又猝然消失，了无踪迹——按照策兰在《布莱梅演讲》中的说法——"遁入了无根可寻的状态之中"（Ⅲ，202）。

这段文化血脉消亡的过程，经历了两个阶段。第一阶段是1941至1944年间，北布科维纳（乌克兰语和罗马尼亚语中的指称法）的犹太人被流放，后遭屠杀；此地近十万犹太人中，不幸殒命者占了八分之七。第二阶段是"二战"结束时，这个自1918年以来一直归属罗马尼亚的行省被蛮横分割，南布科维纳仍归于罗马尼亚，北布科维纳包括旧都切尔诺维茨则被苏联吞并，划归乌克兰苏维埃共和国；随之而至的是有关大规模移民的强制性政治条约。大部分犹太人被杀，非犹太裔德国人被纳粹迁出，取而代之的是迁入的上万乌克兰人。旧奥地利成熟的多语言文明，以及与之并存的犹太文化传统，对这些新移民而言没有任何意义；按照斯大林的历史观，

---

[1] 布痕兰德（Buchenland）是布科维纳的德语写法，意为"山毛榉之地"，在此取音译。

也不应有任何意义。作为文化版图的布科维纳变成了幻象，在曾经的黄金时代（一直延续至第一次世界大战）被称作"小维也纳"的切尔诺维茨，也化作了鬼魂之都。

从地理上看，它也许还在，在很大程度上它也躲过了战争的影响，然而在今天的地图上我们已难觅其踪。切尔诺维茨已更名为切尔诺夫策（Tschernowzy），旅行者想找到此地颇需周折，只有博学者才能够真正了解，这一多语言文化空间曾经产生过何等重大的影响。对策兰而言，它是他青少年时代的整个经验空间。这一文化的重要性也不只体现在策兰身上，许多"布科维也纳"（Buko-Wiener）[1]作家也与此文化有很深的渊源，如弗洛伊德叛逆的学生威尔罕·赖希[2]就生长在切尔诺维茨附近的农庄里；马涅·施佩贝尔[3]来自普鲁特河畔（Pruth）的扎布洛托夫（Zabłotów）；生化学家埃尔温·沙尔戈夫[4]也是切尔诺维茨人。

在布科维纳，德国人和犹太人已共存数百年之久，那时，这一地区还是莫尔道侯国[5]的一部分，尚隶属于对犹太人颇为宽容的奥斯曼帝国，1775年，布科维纳被并入奥匈帝国，约瑟夫二世（Joseph II）

---

[1] 因为布科维纳被称作"小维也纳"，在此将两个地名结合在一起，取谐音变作"布科维也纳"。

[2] 威尔罕·赖希（Wilhelm Reich，1897—1957），心理学家、心理分析师，以"弗洛伊德主义的马克思主义"的创始人、"生命论"发现者、"性革命"理论的奠基人闻名于世。因企图将马克思主义与弗洛伊德主义，将政治革命、社会革命与心理革命、性革命相结合，而遭到共产党和精神分析学会的两面夹攻，并被这两个组织除名。

[3] 马涅·施佩贝尔（Manès Sperber，1905—1984），作家，1975年获毕希纳奖。

[4] 埃尔温·沙尔戈夫（Erwin Chargaff，1905—2002），生化学家，对原子裂变以及DNA双螺旋结构的发现做出过重要贡献。

[5] 莫尔道侯国（Fürstentum Moldau），始建于1359年。1455年，侯国纳贡于奥斯曼帝国，之后虽也曾脱离土耳其人的统治，获得独立，但最终还是于1601年承认后者的宗主国地位。

开始有针对性地迁入德国人，同时——借用他自己的说法——大力推进乡村犹太家庭的定居和城市"犹太人的市民改良"（C.W. 多姆语）[1]，而切尔诺维茨的犹太人自己也将德语文化视为主流文化，予以效仿。1867年，他们在法律上获得了平等权利，这一演变过程由此得到了稳固的延续，犹太人成为继罗马尼亚人和乌克兰人（此二族群人数大约各占全部人口数的三分之一）之后的第三大民族，占总人口数的15%（在切尔诺维茨甚至超过40%），几乎是所谓本地德意志人[2]的两倍。这样的状况使得布科维纳操德语的犹太人成为亲维也纳的原住"国民"。在这些德语犹太人中，不仅有推动资本主义发展的工厂主、富裕商人和工商业者，也有政府管理、法律和教育事业的中坚，

> **有关布科维纳的历史资料**
>
> 13世纪第一批犹太移民。
> 14世纪末第一次见诸于文献。
> 1514年土耳其的宗主国统治。
> 1775年归属于奥匈帝国。
> 1849年世袭领地。
> 1867年犹太人在法律上获得同等地位。
> 1875年切尔诺维茨大学（Universität Czernowitz）创立。
> 1918年归属于罗马尼亚帝国，官方语言为罗马尼亚语。
> 1940年7月20日红军进驻。
> 1941年7月5日罗马尼亚军队进驻，翌日德国突击队（由党卫军和党卫军保安处组成）进驻。
> 1941年10月11日切尔诺维茨设立犹太人隔离区。
> 1944年4月苏联再次占领切尔诺维茨与北布科维纳。
> 1945年北布科维纳最终被划归于乌克兰苏维埃共和国，南布科维纳仍属罗马尼亚。
> 1990年乌克兰苏维埃共和国成为独立国家乌克兰。

---

[1] 1781年，普鲁士官员克里斯坦·威廉·冯·多姆（Christian Wilhelm von Dohm）开始了"论犹太人之市民改良"的辩论，为他们争取完全的市民权益，约瑟夫二世于是颁布"犹太委任令"，希望借此将奥地利的犹太人变为"有用的国家公民"。

[2] 本地德意志人（Volksdeutsche）：指生活在德国和奥地利以外（尤其是1945年前生活在东欧或东南欧国家）的德意志民族。

1875 年以后，他们中还出现了新建德语大学的教授和学生，不过，该地的绝大多数德语犹太人都是自由职业者，主要职业为医生和律师。直至 19 世纪 70 年代，在布科维纳还未见反犹主义端倪。后来，对犹太人的仇恨浪潮愈演愈烈，布科维纳终于受到波及。这些仇恨情绪部分来自本地罗马尼亚人和乌克兰人，部分则源于侵略性愈来愈强的维也纳反犹主义者。第一次世界大战中，俄军施行了血腥的种族大屠杀并焚毁犹太教会堂，使反犹浪潮达到顶峰。

世纪之交以来，在布科维纳主要有两支德语文化，一支是本地德意志人的文化（与文学），另一支则属于生活在切尔诺维茨的德语犹太人；前者是乡土式的，醉心于叙旧，为故土所累，后者则洋溢着浓郁的城市气息，唯维也纳文化是瞻，有强烈的精英化倾向。今天，一些心怀叵测的德国舆论，也喜欢将切尔诺维茨称作"普鲁特河畔的小耶路撒冷"。尽管如此，阿尔弗雷德·马尔古-施佩贝尔在 1936 年还是特别强调，布科维纳的犹太诗人"表现出了与大地和乡土更为紧密的联系，超出同类情况下其他地方的犹太诗人"。这样的说法不无道理，我们往往能在他们的诗歌里窥见一股特有的"内在旋律"——他们的"水井之调"（Brunnenton）[1]。在策兰早期的诗歌中，也有着这样的调子，只是它们常以异化的形式显现出来；在诗集《语言栅栏》中，我们也能看到作者对故土水井之乡的回忆：

> 说说那水井的事，说说
> 那井台、辘轳，说说
> 那井棚——说一说［……］（I, 188）

---

[1] ［引自 Silbermann（1993），页 27。］

切尔诺维茨的环形广场与市政府，1927 年。

当奥匈帝国于1918年灭亡后，布痕兰德成为罗马尼亚帝国属地。不过，这里依旧沐浴在1867到1914年"黄金时代"的余晖之中，德语依旧是民众在口头交际中所使用的语言。策兰童年和青少年时代的文化氛围并不同步于政治权利的分配；说得极端些，我们甚至可以认为，1918年以后的德语犹太民族试图通过最大程度的文化资本投入，来平衡他们在政治和经济资本上的损失[1]。切尔诺维茨依旧是一个多语言、多宗教信仰的城市，是一个名副其实的多文化之城，弗兰佐斯爱恨交加地将自己的故乡加利西亚和布科维纳乡村视为正

---

1 ［参见 Corbea: *Sprach-und Raumgrenzen als Komponenten der kulturellen Produktivität*。见 Corbea/Astner（1990），页 7—17。］

统犹太教的"Schtetl"[1]和"半亚洲"[2]的组成部分[3]，但这不是切尔诺维茨的实际写照；在这个城市里，虽然有较为古旧的小型犹太人聚居区，但从未出现过强制划分的犹太种族隔离区[4]，整个城市里都散居着犹太人。

城市塔楼的侧影绵延于喀尔巴阡（Karpaten）山麓一段狭长的坡地之上，它们陆续建成于最近的一百多年间，至今仍向我们昭示着此地在文化和宗教上的多样性。除了作为行政中心的首府城市所特有的一些典型建筑物之外，这里还林立着分属于十多个基督教和非基督教教派的教堂建筑。在这个宗教云集的地方，也汇集着具有各民族风格的建筑，如乌克兰、罗马尼亚、德国、犹太和波兰等文化的代表性宏伟建筑。今天，几乎所有这些建筑物都被挪作它用，特别是那些犹太教会堂，它们大都被改造为电影院、仓库和舞厅；不过它们还是会让我们想起，这里曾是一个世界化的地区，"一个生活着人和书的地方"——策兰在他的《布莱梅演讲》中一再这样说道（Ⅲ，185）。

如果没有有关荷尔德林的联想，这话听来就像是句多余的话。其实，此言大有深意；它一方面暗指那些一夕间消失的、惨遭杀戮的人们，另一方面则暗指那些今日已不多见、当年却被视为理所当然的事情——在日常生活中扮演着至关重要角色的书籍、思想和艺

---

[1] 意第绪语，意为"小城"。该词用于东欧一些说意第绪语的地区，意指犹太人聚居的城区。"Schtetl"的独立性是其重要特点之一，它们与城市的其他部分严格分离，保有自己独特的日常生活及文化传统。

[2] 卡尔·埃米尔·弗兰佐斯自创的一个词，指哈布斯堡王朝下辖的东欧各州。在这些地方，多种族长年杂居，尚未受到现代化进程的影响，封建残余还相当严重。

[3] [参见 K.E.Franzos: *Aus Halb-Asien.Culturbilder aus Galizien, der Bukowina, Südrußland und Rumänien*, 卷2, Leipzig, 1876。]

[4] 犹太种族隔离区（Ghetto）也译作"隔都"。

切尔诺维茨的犹太教堂今已变成一家电影院。

术;这样的特别情态在切尔诺维茨是普遍的,奥斯伦德尔曾有这样的观察:

> 切尔诺维茨是一个遍布狂热分子和信仰者的城市,德国哲学家叔本华(Schopenhauer)认为,对这个城市里的人来说,只有"对思考的兴趣,而没有对利益的思考[……]"[1]。卡尔·克劳斯[2]在切尔诺维茨拥有大批崇拜者;在大街上,在公园里,在森林中,在普鲁特河畔,我们

---

1 在德语中"兴趣"和"利益"都是同一个词"Interesse"。
2 卡尔·克劳斯(Karl Kraus,1874—1936),德语文学世界中的著名作家,以对维也纳和欧洲社会的激烈批评而著称。1899年,他自创在文化和社会评论方面的旗帜性杂志《火炬》(*Fackel*)。除了亨利希·曼、斯特林堡等特邀撰稿人,该杂志的大部分文章皆为克劳斯自己所作。1911年后,他更是独自承担了杂志的全部稿件写作工作。

都能看到他们的身影，他们的手里总拿着一份《火炬》杂志——如若不然，他们便一定待在切尔诺维茨为数众多的"维也纳式"咖啡馆中的某一家，在那里读书。阅读内容如果不是《火炬》，便是切尔诺维茨五大德语日报中的一份，再不就是陈列在那里的众多欧洲知名报刊。[1]

简言之，切尔诺维茨是一个具有高度文明修养、真正意义上的"欧洲城市"，从当地德语大学建立，到1940至1941年的这段时间，尤为如此。德语文化和犹太文化的共生体（如果它真的存在）在此延续了近一个世纪的时间。

1920年11月23日，保罗·安彻尔（Paul Antschel，策兰本来的姓名）来到了这个"还未被破坏的世界"[2]。在策兰的祖先中，一方是久居布科维纳的犹太人，另一方由东加利西亚迁居至此才一两代人的时间；安彻尔的父母不属于切尔诺维茨德语犹太知识分子的精英阶层，他们是小资产者，过着简朴的生活。要到多年以后，策兰才接受为写作打下基础的多语种广泛教育，而那些教育资源与熏陶主要来自他的朋友，以及朋友家书香门第式的家庭环境。他的父亲莱奥·安彻尔-泰特勒（Leo Antschel-Teitler）生于1890年，成长在切尔诺维茨附近的一个村庄里，接受的是极严格的正统犹太教教育。他被培养成一名建筑工程师，却不得不入伍当兵参加第一次世界大战；战后，因为凭原来的技能无法找到工作，他于是决定从事燃料生意。由于没有任何本钱，莱奥·安彻尔成了一家木材贸易公

---

1 ［Ausländer（1991），页9—10。］
2 ［童年和少年时期的基本情况：Chalfen（1979）；Silbermann（1993），页41—70。］

司的经纪人和代理商，并常常在城里的咖啡馆里约见那些生意上的伙伴。策兰的母亲弗德里克（Friederike）——被叫作弗里茨（Fritzi）——生于1895年，她的父亲菲利普-施拉加·施拉格（Philipp-Schraga Schrager）是萨达戈哈[1]的一位商人，此地距切尔诺维茨不到十五公里，是哈西德派运动的中心。她的父母也信奉正统犹太教，但比安彻尔-泰特勒家的父母要宽容得多，也正因为如此，这个家庭的德语水准胜过策兰父亲那边的家庭。

母亲弗里茨·施拉格，约1916年。在照片原件的背面，策兰写着："妈妈，在第一次世界大战期间，波希米亚。"

第一次世界大战时，双方的祖辈们为了躲避俄国军队逃到波希米亚，后来，策兰曾在诗里提到了这个"你母亲的三载之国"（I, 285）。在战前便已相爱的莱奥·安彻尔和弗里茨·施拉格，一直要等到1920年初，大家都从波希米亚返回后，才能在切尔诺维茨成婚。此前的好几年时间里，弗里茨得照顾弟妹，打理家务，她在这方面表现出了非凡的牺牲精神，从而为她后来建立家庭打下了基础。她在公立学校毕业后学习过贸易方面的课程，也曾就业于一家商业公司，后来又受雇于一家托儿所，但弗里茨最终还是——在当时看来

---

[1] 萨达戈哈（Sadagora）：切尔诺维茨的一部分，位于普鲁特河左岸，距市中心约8公里。

完全顺理成章地——放弃了自己的职业。就她在课堂里所受到的有限教育而言，策兰母亲的学识其实相当渊博。对德语文学共同的热爱，成为后来他们母子之间亲密关系的重要组成部分。

在安彻尔 15 岁之前，家庭生活条件的拮据，远非我们今天可以想象：瓦斯尔科巷（Wassilkogasse）5 号一楼的一套三房公寓，是属于他祖父的房子。当时，这里除了这位鳏居的老人，还住着年轻的父母和小策兰，另外还有莱奥·安彻尔两位未出阁的妹妹；保罗没有兄弟姐妹，他始终是家里的独子，而这也是他后来一直引以为憾的事情。与其他许多人的印象一样，和他们生活在同一蜗居中的两位表姐，后来将这位父亲描写成一个极端专制的家伙：

> 保罗的父亲在家里实施的教育极为严苛。他可不是个好脾气的人，对儿子要求极高，惩罚他，为了他的每一个孩子气的调皮捣蛋揍他［……］保罗是个十分敏感的孩子，父亲的严苛使他饱受折磨。[1]

从这一点上我们也就比较容易理解，为什么策兰日后拒不接受严守教义的犹太教和犹太复国主义的乌托邦思想，因为那是属于父亲的信仰，是父亲的人生理念。也正因为父子间的隔膜，在 1942 年秋父亲去世之后，诗人只在少数几首诗里提到了父亲的亡故，它们是《黑雪花》（Schwarze Flocken）、《弄斧》（Mit Äxten spielend）、《访客》（Der Gast），以及《纪念》（Andenken）。

1930 年代初，莱奥·安彻尔的妹妹米娜（Minna）和丈夫一起

---

[1]　[Emma Lustig，娘家姓 Nagel。引自 Chalfen，页 36。]

3岁的保罗·安彻尔（左一）与家族亲戚，切尔诺维茨，1923年。后排（从左侧开始）是策兰的父母弗里茨·安彻尔和莱奥·安彻尔，旁边是弗里茨的姐妹布兰卡·施拉格［Blanca Schrager，婚后夫姓为贝尔曼（Berman）］。前排坐者为策兰的外婆罗莎·施拉格（Rosa Schrager）和外公菲利普-施拉加·施拉格。

移居巴勒斯坦，莱奥自己却没有同往。终其一生，他的犹太复国主义梦想都未能实现，不过，保罗的父母"还是一直保持着犹太传统。作为典型务实的布科维纳人，他们在那些无伤大雅、还不至于严重损害传统的地方，使自己的生活得以简化"[1]。他们通常会在星期五晚上点一支安息日蜡烛，在大处注意一下饮食戒条，在盛大的节日去教堂。

---

1 ［Chalfen，页34。］

当小保罗面临着择校问题时，父亲和犹太传统间的紧密联系便显露了出来。保罗虽然在开始的时候进入了德语的梅斯勒（Meisler）幼儿园，后来又被收费高昂的同名小学录取，但因为无法筹到学费，从二年级起他便被父亲送入希伯来语公立学校；在父亲看来，德语学校最有可能帮助儿子进入"上层社会"，而希伯来语学校则是仅次于此的第二选择。然而，策兰不愿意进入这所学校。他完全不喜欢作为授课语言的希伯来语，不喜欢这门"父亲的语言"（他的父亲将希伯来语作为自己的第二母语），进入中学之后，他甚至将这三年视为一种污点，从不和同学谈起。虽然少年策兰对自己这种极力追求同化的想法还没有觉察，但它确实已经存在。

1930年秋，将近10岁的策兰通过入学考试，进入一所罗马尼亚语国立中学。因为在公立小学中已经学过罗马尼亚语，授课语言对他而言并不成问题。至于希伯来语，他只需利用休闲时间到家庭教师那里去上课。新增加的还有法语，这门语言迅速成为他的最爱；在一次法语竞赛中，14岁的策兰和女友玛尔策娅·卡维（Malzia Kahwe）一起取得了一等奖[1]。在其他许多课程中（譬如在当时以讲述为主的动植物学课上），他的成绩也极优异，他成了最好的学生，并被一些人视为心高气盛。从一开始，阅读美妙的书籍就是他的最爱：起先是贝尔塔·安彻尔（Berta Antschel）姑妈从维也纳（她后来移居伦敦，策兰总去那里拜访她）寄来的童话书，后来则是一些有关探险和印第安人的书籍，再后来，他便热衷于经典德语文学作品，这其中也有意第绪语文学。虽然保罗·策兰从未说过这种语言，当"这种来自犹太街巷的粗话"阻碍他融入标准德语文学时，他也

---

[1] ［根据1995年3月11日与M.菲舍曼·卡维（M. Fischmann-Kahwe）在以色列雷霍沃特（Rehovoth）的谈话。］

曾对这门语言显示出怀疑，但同时他也感受到了意第绪语生机勃勃的美的一面。

12岁，已经不再年幼的策兰还得睡在父母房间里的一张围栏儿童床上，直到1933年，两个表姐离开这座城市，米娜姑妈移居巴勒斯坦，房间腾空了，策兰才终于有了一间属于自己的居室。抛却那些发生在德国的事情不说（它们在存在意义上还远非一个13岁少年能够理解），这一年对策兰而言还有其他意义重大的改变，他通过了"小预科"（Kleine Baccalaureat），强迫父亲结束了自己的希伯来语课程，参加了"Bar-Mizwa"[1]（相当于犹太教的坚信礼）[2]，由此成为完全意义上的犹太教宗教团体中的一员。但是，年轻的保罗·安彻尔从这个日子里感受到截然相反的意义：这是一个重获自由的日子，他再也不用受到宗教戒条的束缚了；直至生命尽头，他再也没有主动参加过任何礼拜。

那些年里，青年策兰找到了一些终其一生都至关重要的朋友。前一年暑假，维也纳的表弟保罗·沙夫勒（Paul Schafler）成了他的好伙伴（1950年，已成为英国人的他再次拜访保罗）；他也和曼努埃尔·辛格（Manuel Singer）开始了第二段假日里的友谊，1938年，辛格更成为他在图尔（Tours）大学的同学，后来移民以色列；伴随诗人终生、更重要的朋友则是同窗五年的古斯塔夫·肖梅（Gustav Chomed）——被叫作古斯特尔（Gustl）——以及就读于另一所中学的埃里希·艾因霍恩。最后两位朋友家的社会地位都优于安彻尔家，但这并未影响他们的亲密友谊，他们一起走遍城市和美丽的郊野，

---

[1] 希伯来语，指犹太教中的男孩成人礼，在犹太男孩13岁生日过后的那一天举行。参加成人礼的男孩要在宗教集会上当众发言，强调自己已经成年。

[2] ［依据Chalfen，页49。］

从肖梅家农庄古老的吊桶井中汲水（那时还没有自来水），或者在冬日乘着雪橇滑下特普夫山（Töpferberg）。在后来几年的暑假里，他们还一同徒步漫游（有时也夜游）喀尔巴阡山。

1935年，也就是"小预科"后一年，保罗·安彻尔离开就读的罗马尼亚中学（教师中的反犹倾向是他转学的重要原因），转至第四中学（或称乌克兰中学）学习[1]，那里大多数学生都是犹太人，乌克兰学生只占少数。拉丁语是主要教授的外语，在最后一学年又增加英语，授课语言则普遍为罗马尼亚语；德语课程对于那些母语是德语的学生而言具有特别的意义，而这正好是少年保罗的兴趣所在。这一年里，他获得了广泛的文学教育，阅读对象主要是古典的莱辛（Lessing）、歌德（Goethe）和席勒（Schiller）。此外还有克莱斯特[2]、荷尔德林、海涅（Heinrich Heine）和一些浪漫派作家，最后一学年又接触了尼采；另一方面，很快地，莱纳·马利亚·里尔克[3]无可置疑地成了少年保罗·安彻尔最喜爱的诗人，而且在后来的二十年里从未改变。

与每一位前辈及同辈布科维纳诗人一样，文学——特别是诗歌，在这位小伙子（他在1935年前后也开始写作）看来，首先是一种将世界诗化和浪漫化的媒介。虽然他那时已经接触了法国作家波德

---

1 ［参见 P. Rychlo: *Neue Angaben zu Celans Gymnasialjahren*。见 Corbea/Astner（1990），页 205—210。］
2 克莱斯特（Heinrich von Kleist，1777—1811），德国剧作家。其作品超越了古典主义、浪漫主义等流派分野。
3 莱纳·马利亚·里尔克（Rainer Maria Rilke，1875—1926），20世纪上半叶最有影响的德语诗人。

刚满14岁的保罗·安彻尔与朋友们，在切尔诺维茨的普鲁特河河岸，1934年。从右侧开始：保罗·安彻尔、玛尔策娅·卡维［Malzia Kahwe，婚后改姓为菲舍曼（Fischmann）］、鲁特·葛拉斯贝格［Ruth Glasberg，婚后改姓为塔尔（Tal）］与恩斯特·恩勒（Ernst Engler）。

莱尔[1]、魏尔伦[2]、兰波[3]、马拉美、阿波利奈尔[4]和瓦雷里[5]，也阅读了霍夫曼斯塔尔[6]、格奥尔格、卡夫卡（这个作家在他的生命中显得越来越重要）和表现主义作家以及特拉克尔[7]的作品。然而保罗·安彻

---

1 波德莱尔（Charles-Pierre Baudelaire，1821—1867），法国诗人、欧洲现代派文学开拓者。
2 魏尔伦（Paul Verlaine，1844—1896），法国诗人，象征主义诗歌的代表人物。
3 兰波（Jean Nicolas Arthur Rimbaud，1854—1891），法国诗人，象征主义诗歌的代表人物。
4 阿波利奈尔（Guillaume Apollinaire，1880—1918），20世纪初重要的法语作家、诗人。
5 瓦雷里（Paul Ambroise Valéry，1871—1945），法国诗人、哲学家、散文家。
6 霍夫曼斯塔尔（Hugo von Hofmannsthal，1874—1929），奥地利著名剧作家，少年即以诗歌和剧本扬名，有文学神童之称。
7 特拉克尔（Georg Trakl，1887—1914），奥地利诗人，早期表现主义诗歌的代表人物。

尔还未领略到极端前卫运动（如未来主义、达达主义、超现实主义）的活力，还未领略到它们如何将语言当作一种可支配的物质，还未领略到它们如何以一种近乎粗暴的方式对待语言。对他而言，同样陌生的，还有当时的新现实主义和政治表现性文学。虽然我们还未发现中学生安彻尔1938年以前的诗歌作品[1]，但是尚未被破坏的旧奥地利-布科维纳氛围以及此中的前现代创作典范，确实影响了这位初试创作的作家。

对于中学生安彻尔而言，从事文学创作的一个重要地点是读书会。在这个团体里，他常坐在阳光下，激动地吟诵诗歌，有时也对朗诵的作品做一些讲解说明。不过，他的虔诚听众都是些年轻女孩，其他小伙子——即使是那些和他极亲密的朋友——对这样的文学总抱以嘲讽态度，或者他们至少也是怀着羞怯的赞赏，对此类活动敬而远之。如此一来，就出现了一个让这位成长中的少年感到苦恼的心理问题：他有自己的男性朋友，但在这个独立的圈子之外，他又拥有一群仰慕他的女性朋友，而且，他和所有这些女友间的友谊几乎都是柏拉图式的。她们之中，有埃迪特·霍洛维茨（Edith Horowitz，她的父亲是一位拥有博士学位的日耳曼学学者，他慷慨地允许女儿的朋友们使用自己藏书丰富的图书馆），也包括伊曼纽尔·魏斯葛拉斯，还有鲁特·葛拉斯贝格（Ruth Glasberg）、玛尔策娅·卡维、鲁特·卡斯旺（Ruth Kaswan）。

超越一切的、对美丽母亲的爱一直都是诗人最重要的情感，始终都是。对于这个天赋异禀的独子大有前途的未来，母亲怀着始终如一的温情和巨大的满足感。1935年以后，安彻尔家便迁到了位于

---

[1] ［参见Wiedemann-Wolf（1985），页20—23。作者认为有几首诗的写作时间应为1937年。］

马萨里克巷（Masarykgasse）10号的一个新社区里，这处居所是家族的私产；对于儿子带回家的男女朋友，母亲总会给出自己的"评判"，这构成了这一情感陪伴关系中的重要组成部分。1979年，传记作家沙尔芬曾猜想，年轻人"与母亲的感情维系极强"，他的"全部情感生活都化身自此"。一直以来，这一想法都显示出相当的说服力，1938到1944年之间的那几年便是明证；事实上，在这段日子里，"一切粗俗、与性有关的东西"都"被驱逐"出策兰的情感生活，或者"化身为对母亲的崇高的爱"[1]。所有的这些情结，明显妨碍着肉欲关系的建立，虽然这位年轻人爱慕着美丽的女性，而身材纤弱、透着忧伤魅力的他也为她们所簇拥。从某种形式上说，保罗·安彻尔和母亲弗里茨·安彻尔间两位一体的关系延续终生，在他后来的生命履历和许多感情至深的诗里也不时地表现出来。

16岁的安彻尔，截取自一张班级合影，1936年。

保罗·安彻尔中学时光的一个重要维度，是他的政治和社会活动。大概在1934到1935年间，他便在父母不知情或不同意的情况下，成了非法的共产主义青年组织的成员，他积极从事一份罗马尼亚语

---

[1] ［参见Chalfen，页61及其他各处。］

学生杂志《红色》的出版工作。他们在周六下午集会，颂唱革命歌曲和步兵歌曲，阅读（和印刷）马克思、考茨基[1]和罗莎·卢森堡的作品，也阅读克鲁泡特金[2]和古斯塔夫·兰道尔[3]的作品；从那时起，无政府主义者们便已获得了少年安彻尔的特别青睐，他在后来的《子午线》演讲中还不忘提起他们（Ⅲ，190）。常常，讨论中意见纷呈，气氛热烈；策兰不是一位简单的年轻同志，保持了终生友谊的埃迪特·西尔伯曼（Edith Silbermann，即前文提及的策兰女性友人埃迪特·霍洛维茨，嫁后从夫姓西尔伯曼）这样说道：

> 保罗显得有趣而顽皮[……]但他的情绪变化很快，他是沉思而内省的，有时却会变得充满嘲弄挖苦；他是一件容易奏出不和谐音的乐器，如含羞草般敏感，带着纳喀索斯[4]式的自负；如果有什么事或什么人不合他的心意，他便表现得缺乏耐心；而且，他也从未想到过要做出让步，这使他背负了傲慢自大的声名。[5]

1938年6月，尚不足18岁的保罗·安彻尔参加了中学毕业考试——他在考试中完全没有表现出几年前的辉煌学力。对他而言，在这段时间里出现了太多其他比考试更为重要的事情。上大学是父

---

[1] 考茨基（Karl Kautsky，1854—1938），德国社会民主党和第二国际领袖。

[2] 克鲁泡特金（Pyotr Kropotkin，1842—1921），俄国革命家和地理学家，无政府主义的重要代表人物之一，"无政府共产主义"的创始人。

[3] 古斯塔夫·兰道尔（Gustav Landauer，1870—1919），德国作家，社会哲学家。出身犹太裔商业世家，激进社会主义和非暴力无政府主义的代表人物。

[4] 纳喀索斯（Narcissus），希腊神话中因爱恋自己在水中的倒影而憔悴致死的美少年，死后化为水仙花。

[5] ［参见Chalfen，页56。］

母的愿望，也是他自己的想法。父母对医学工作极为推崇，认为"对一名罗马尼亚犹太人而言，没有什么别的专业能带来更加远大的前程"[1]。经过初期的犹豫后，安彻尔同意学医，尽管他更喜欢自然科学，特别是植物学；因为切尔诺维茨大学没有医学专业，罗马尼亚其他的大学又对犹太人实行特别严苛的入学限制，而求学于"大德意志帝国"也绝无可能，所以保罗和其他与他有着相似境遇的青年一样，奔赴法国，到图尔大学继续学业。

1938年11月9日，这名年轻人开始了生平第一次的长途旅行。第二天，他就能隐约预感到（即使还不是清楚知晓）这个资讯码在世界史上的意义，以及对他本人和家人的重大意义。列车带他穿越波兰，经克拉科夫[2]前往柏林，11月10日早晨抵达火车站时，"水晶之夜"的恐怖还未消退；那时的他，只在罗马尼亚的中学里见识过相对温和的反犹主义。后来回忆起这一天，他如是写道：

> 途经克拉科夫
> 你来到这里，在安哈尔特
> 火车站
> 一缕烟汇入你的目光，
> 这已是明日之烟了。　（Ⅰ, 283）[3]

一天后，安彻尔见到了后来他定居二十二年之久的城市——巴黎。切尔诺维茨共产主义青年团里的一位朋友列昂尼德·米勒

1　[Chalfen, 页77。]
2　克拉科夫（Krakau）：波兰语写作"Kraków"，位于波兰南部的中世纪古都，波兰最大的文化、科学、工业与旅游中心。
3　[也可参见全集Ⅱ，页335。]

（Leonid Miller，那时已是一名医学院学生）接待了他，然后他在拉丁区学院路（Rue d'École）[1]的布努诺·施拉格（Bruno Schrager）舅舅家落脚。无忧无虑地享受了几天大都会生活后，保罗又得继续启程。他要前往图尔，开始他的大学生活。一开始还不是真正的医科学业，而只是基础的系统自然科学预备教育，他对此显然没有任何热情可言，也许只是出于学术上的责任感才来参加学习；与此前一样，另一些东西的重要性很快突现出来，那便是"人"和"书"。

起初，他和切尔诺维茨的朋友曼努埃尔·辛格住在一起，后来才独自居住，并且很快就有了新的朋友。和他特别亲近的是埃利亚胡·平特（Eliyahu Pinter），一位来自德国、1933年移民巴勒斯坦的犹太人，此时刚结束城市规划实习。他们常一同散步，泡在咖啡馆里谈论新旧文学。同时，安彻尔继续阅读德语文学，当然也对当代法语文学有所涉猎，如普鲁斯特（Marcel Proust）、罗曼·罗兰（Romain Rolland）和纪德（André Gide），也读了路易士-弗尔迪南·塞利纳（Louis-Ferdinand Céline）、朱利安·格林（Julien Green）和加缪（Albert Camus）的第一部作品；安德烈·布勒东（André Breton）、保罗·艾吕雅（Paul Éluard）、路易士·阿拉贡（Louis Aragon）和其他一些超现实主义作家也吸引着他，不过此时这还不足以让他自己的创作追随那一方向。他还开始研究莎士比亚（Shakespeare）的十四行诗，并觉得卡尔·克劳斯和弗里德里希·贡多尔夫[2]的著名译本和斯特凡·格奥尔格的"改写"都不能让他完全

---

[1] 巴黎第五区，先贤祠、索邦大学、法兰西学院以及诸多高等学校均在此区，是巴黎文化、艺术、学术气息最浓厚的地区。

[2] 弗里德里希·贡多尔夫（Friedrich Gundolf，1880—1931），原名弗里德里希·莱奥波德·贡德尔芬格（Friedrich Leopold Gundelfinger），德语诗人、文学研究者、海德堡大学教授、重要的莎士比亚研究者、汉堡莱辛奖（Lessing-Preis der Freien und Hansestadt Hamburg）的首位获奖人，曾为斯特凡·格奥尔格圈子里的成员。

满意。

1938年圣诞节，安彻尔第二次来到巴黎。好友埃里希·艾因霍恩来访。虽然他早就筹划着要拜访伦敦的贝尔塔·安彻尔姑妈，但这项计划直到1939年复活节假期才得以实施。伦敦不同于巴黎，它从来就不是策兰的心仪之地，然而从1948年开始直至诗人生命的尽头，他一直定期造访这座城市。

1939年7月，保罗·安彻尔通过了规定的考试，回到切尔诺维茨。那时候的他还一心认定将在秋天返回图尔，继续学业，然而一夕间一切都化作泡影：德国袭击波兰，第二次世界大战开始；这位年轻人既不可能返回法国，也不可能继续他的医科学业了。

对于安彻尔在法国外省小城图尔度过的近八个月大学生时光，我们不须过分高估它的意义，不过这"法国年"却是他十年后重回法语环境、移居巴黎的一个起点，这个陌生的城市也并非不令人流连。

之后便是由医学预科生向语文学学生的转变，这一变化起先是出于迫不得已，后来却也符合了诗人的兴趣。策兰进入切尔诺维茨大学，注册成为罗曼语族语言文学系学生，并于1939到1940学年求学于此。他很高兴能继续前些年无拘无束、充满文学色彩的生活，好像这一切从未中断过一样。听来也许让人感到诧异，但是1939到1940年间，即战争开始后的第一年，确实成了他的生命中意外的、最后的、无忧无虑的青年岁月；在这段暴风雨来临前的日子里，整个切尔诺维茨都沉浸在一种奇异的静谧中。

1940年6月底，红军根据希特勒和斯大林签订的合约占领北布科维纳，并许诺民众以良好的新秩序，可人们只感觉到了一些管束性的条规，例如引入俄语作为官方语言，以及对教育进行适应苏维埃式的调整。新的统治者暂时还能让犹太人安身度日，但一切平静只维持到 1941 年 6 月 13 日。那天夜间，大约 3800 名北布科维纳人被捕，随即被放逐至西伯利亚，他们中约有 70% 是犹太人；加诸他们头上的罪名有犹太复国主义者、修正主义者、资本家、地主；最荒诞的称谓则是，纳粹德国的朋友。这一夜，切尔诺维茨的犹太人见识到了地狱的前奏，随后，真正的纳粹的地狱就要到来。

就在这次大流放后仅几天，发生了一件看起来令人费解的事情：大批犹太大学生随切尔诺维茨大学自愿撤退至苏联，和他们一起离开的还有躲避德国和罗马尼亚军队的红军。他们中，有青年安彻尔两个最好的朋友古斯塔夫·肖梅和埃里希·艾因霍恩，以及女性朋友玛尔策娅·卡维。其中艾因霍恩即便还和安彻尔以及许多其他人一样是狂热的社会主义信徒，但他也不会再对这个斯大林王朝抱有任何幻想。可以认为，像艾因霍恩一样的人已经理智且完全现实地预见到，与斯大林分子相比，纳粹对犹太人的恐怖敌意将引起更加巨大的毁灭[1]。八年后，这条友谊的线索才重新连上，而后却又被迅速扯断。

埃里希·艾因霍恩，1938/1939 年左右。

---

1 ［也依据其女（Marina Dmitrieva-Einhom）的说法（1998 年 7 月 5 日的谈话）。］

1940到1941年间的这个"俄国年"里,保罗·安彻尔在罗曼语族之外又学习了俄语,而且很快就精通了这门新的外语。1940年夏天,一件大事发生在私人生活领域:安彻尔结识了从事新式意第绪语戏剧工作、已有过一次婚姻经历的女演员鲁特·拉克纳(Ruth Lackner),两人很快建立了亲密的关系。这不再只是一段未实现的爱情[1];演出结束后,安彻尔会定期来接年轻的女士,和她一同散步至很远,为她朗诵主要是他自己创作的诗歌。专门为心爱的鲁特而作的诗歌越来越多,她如此理解他,也分享着他对诗歌的热情。早年已初露端倪的现象现在变得更加明显,保罗·安彻尔显示出一个热烈倾慕者所有的一切特征,例如,极端的嫉妒。不过,对于保罗而言,爱情是"悬在星星上的东西,它脱离了尘世的一应生活"[2]。在此,我们又不能不再度联想到沙尔芬的猜测:丝毫未曾减弱的、强大的对母亲的感情联系,阻碍了这个二十出头的男人的爱欲释放。"这是我的姊妹,这是我的爱人",他在诗歌《传说》[*Legende*,早期作品(*Frühwerk*),20]中如是写道。

在现在能够看到的策兰诗作中,有相当一部分可以被确认写于1938、1940至1941的三年间。我们能够感觉到年轻作家的初期作品与此前二三十年的布科维纳诗歌有着密切关联——那段时期的布科维纳诗歌,被彼得·德梅茨[3]不无道理地斥为"对德国古典-浪漫

---

1 [依据Chalfen(页98—134)。沙尔芬与鲁特·拉克纳(克拉夫特)曾进行过6次谈话并有着书信来往。鲁特·拉克纳(克拉夫特)去世于1998年3月。"克拉夫特"是其出生时的姓,"拉克纳"是其母之姓。在两次离异之后,她采用后者作为己姓,或者,更确切地说,是她特别选定后者为姓。]

2 [Chalfen,页106;*Frühwerk*,页107。]

3 彼得·德梅茨(Peter Demetz,1922—),电台编辑、日耳曼文学学者、耶鲁大学教授,1972年获"斯特尔林教授"称号(耶鲁大学最高学术头衔)。

罗伯特·科赫（Robert Koch）与弗里茨·克雷德尔（Fritz Kredel）的《花卉小图谱》[*Das kleine Bulumenbuch*，1933 年出版，岛屿藏书（Insel-Buecherei）系列中的第 281 卷]中的一页。书中有 58 页彩色的花卉插图说明。在策兰的这册书（后赠与鲁特·拉克纳）里，每种花卉的德文名旁边还加注了四种语言的花卉名称。

罗泽·舍尔策-奥斯伦德尔。

传统的不合时宜的忠诚"[1],这样的评判当然也适用于这一流派中最杰出的世界性代表人物如阿尔弗雷德·马尔古-施佩贝尔,以及1939年发表处女作《虹》(*Der Regenbogen*)的罗莎莉·舍尔策(Rosalie Scherzer,也就是后来的罗泽·奥斯伦德尔);热爱自然、追求和谐、保持传统而格律规整的韵律诗行、坚守习见的比喻——除了个别特例,所有这些便是此类诗的特色所在。在这派诗人们看来,对世界的诗化和浪漫化是毋庸置疑的追求。

策兰的许多早期诗作也显现出了同样的特点,此外还有对于文采矫饰的明显偏好(他最喜欢用的词是"如银般的")。不过,他的写作也不仅局限于此,他"常常具有更强烈的意识性",在他的文本中,原本属于典型布科维纳式的"文学狂热"和"文学色彩",看上去似乎经过了精心的考量[2]。安彻尔越来越频繁地将传统浪漫主义的陈词老调异化,这样的破坏甚至是有意为之——正如他在诗《夜曲》(*Notturno*,大约写于1940至1941年间)中所做的那样。在此类文本中,尽管那些有关衰败和死亡的主题仍是"布科维纳式的",

---

1 〔1991年7月12日的 *Fankfurter Allgemeine Zeitung*。〕
2 〔Wiedemann-Wolf,页50。〕

但是通过粗莽而震撼人心的表现主义式的意向，它们得以去浪漫化。有韵诗节虽仍占主导地位（这样的情况还要持续好多年），然而诗节被令人惊惶的比喻打破，就像格奥尔格·海姆[1]和特拉克尔所做的那样，战争诗《美丽的十月》（*Schöner Oktober*）便是如此；这首诗是诗人"毫不掩饰地"[2]援引特拉克尔最后一首（战争）诗《格罗代克》（*Grodek*）所写成。在直至1942年的这段时间里，面对同时代的那些骇人事件，保罗·安彻尔并未采取不闻不问的态度，但对他而言，它们还有可能融于传统的诗歌形式。

1941/1942年左右的保罗·安彻尔。

---

1 格奥尔格·海姆（Georg Heym，1887—1912），早期表现主义诗人。
2 ［Wiedemann-Wolf，页72。］

第二章　母亲的语言——凶手的语言[*]

1941—1945

1941年6月21日，德国国防军对苏联发动突袭，决定了布科维纳犹太人的命运。隔天，安东内斯库元帅[1]领导的罗马尼亚向苏联宣战，与德国结成联盟，红军从被占领区仓促撤离。7月初，罗马尼亚-德国的恐怖统治拉开序幕，此间没有出现任何足够有力的抵抗行为，只有无穷无尽的恐怖压制、屈辱的驱逐以及杀戮。罗马尼亚军队进驻切尔诺维茨一天之后，所谓的德国突击队——由党卫军和党卫军保安处结成的特别组织——接踵而至，他们的任务是消灭犹太居民。犹太教会堂被焚毁，文化团体领袖遭杀害。8月29日，党卫军指挥官奥托·奥伦多尔夫（Otto Ohlendorf）在给柏林的报告中这样写道："在切尔诺维茨以及德涅斯特河（Dnjester）以东的搜寻中，又消灭了3106名犹太人和34名共产主义分子。"[2] 幸存者（这时为止还占大多数）必须佩戴犹太星形标志并被要求从事强制劳动。

---

[*]　［参见：Buck（1993）。］
[1]　安东内斯库（Ion Victor Antonescu，1882—1946），罗马尼亚首相，希特勒政府的追随者，"二战"时追随德国，向同盟国宣战，并自封为元帅，战后作为战犯被处以极刑。
[2]　［引自 Hugo Gold (Hg.): *Geschichte der Juden in der Bukowina*，卷2，页71，Tel Aviv，1962。］

1941年10月11日，原来的犹太聚居区里，建立起了强制划分的犹太种族隔离区，降临到切尔诺维茨犹太人身上的恐怖开始进入第二阶段。四万五千人被圈禁于高高的厚木板和铁丝网中，在极狭小的空间里，等待着被分批流放。约有一万五千人获得留居许可，承担着城中的日常必需工作。秋天，余下的数千人被流放至位于德涅斯特河和布格河之间的集中营，即所谓的德涅斯特河东岸地区[1]，"被驱逐至／矿场／带着无欺的印迹"（Ⅰ，197）。

1941年到1942年冬，局势暂归平静；强制划分的犹太种族隔离区被拆除，新一轮的流放要等到1942年6月才会重新开始。这一次，回迁至老宅的策兰一家人受到了直接威胁。在这几个月里，从事强制劳动的保罗急切想让自己的父母看清形势。他想说服他们，让他们在周末找个地方藏身（通过鲁特·拉克纳的游说，一位罗马尼亚小企业家同意提供厂房作为藏身之所，策兰自己也避居于此），但没有成功。大约是在7月底的某个星期一（流放和拘捕总是在周末进行），保罗回到父母的居所，他们双双失踪。

之后不久，还是7月，遣送结束。保罗·安彻尔被分派参与罗马尼亚人新为犹太人设立的劳动服务工作。被流放到

埃迪特·霍罗威茨。

---

[1] 德涅斯特河东岸地区（Transnistrien）：东欧的一个特定地域，位于德涅斯特河在莫尔达瓦境内的东岸。

德涅斯特河东岸地区甚或德国集中营的可能依旧存在,能有这样一份工作,多少还是一种保护。于是,接下来的一年半时间就这样过去了。1944年2月,安彻尔又转入位于南伏尔塔瓦布泽乌(Buzau)附近的塔巴雷斯蒂(Tabǎresti)劳动营参加修路工作。进城休假时有人问保罗,在劳动营里做些什么,他"简短地回答:'挖地!'"[1]。安彻尔在切尔诺维茨短暂逗留时,朋友埃迪特·霍洛维茨在父母家接待了他;按照她的说法,他"变成一个苍白而严肃的埃尔·格列柯[2]式的人物,阴沉而寡言,直至离开"[3]。他从塔巴雷斯蒂写给鲁特·拉克纳的第一封信里这样说道:

> 不,鲁特,我不绝望。但是我的母亲让我觉得揪心。她那么体弱多病,一定会不断想着我的境况,我们就这样不辞而别,很可能这就是永别。[4]

保罗·安彻尔没有说错。他的父母都被送进布格河东由德国人管辖的米哈洛夫卡[5]集中营,之后他再也没能见到他们。1943年3月28日,在给女友的一封信里,保罗写道:"现在应该是春天了,鲁特[……]近两年来,我根本感觉不到季节的更迭和花木的荣

---

1 [Chalfen,页121。]
2 埃尔·格列柯(El Greco,字面意义为"希腊人"),原名多梅尼科·狄奥托科普洛斯(Domenikos Theotokopoulos, 1541? —1614),是一位来自希腊克里特岛的画家,后定居于西班牙。其画作独具风格,画面常充满忧郁与悲怆的气息,画中人物则被扭曲、拉长,有时会显出非自然的苍白。
3 [Silbermann,页63。]
4 [引自Celan: *Gedichte1938—1944*,页5。]
5 米哈洛夫卡(Michailowka):位于顿河支流梅德韦季察河(Medwediza)右岸的俄罗斯城市,在伏尔加格勒西北200公里处。

鲁特·拉克纳（克拉夫特）。

枯，感觉不到日夜天光和改变。"[1] 1942 年秋末，身在劳动营中的他得到了父亲亡故的消息，也许是从母亲托人夹带的家信中[2]；至于他的死因到底是伤寒[3]还是枪击，至今仍无从知晓。母亲在接下来的那个冬天（1942 到 1943 年间之冬）被枪击中颈部而亡；也许是经由一位从德涅斯特河东岸地区逃出来的亲戚，消息传回策兰耳中，在同一个冬季。

我们今天可以看到一封安彻尔手写的提到父母被害事件的信函，言辞动人。1944 年 2 月，他终于结束了塔巴雷斯蒂的强制劳动，回到家中。不久之后，安彻尔在 1944 年 4 月回到重又划归苏维埃统治的切尔诺维茨，被一家精神病院雇作医护士，后因为参与病人的转移工作去了基辅（Kiew）。1944 年 7 月 1 日，他从那里写信给当时在顿河（Don）河畔罗斯托克（Rostow）念大学的老友埃里希·艾因霍恩：

---

[1] ［引自 Celan: *Gedichte 1938—1944*，页 6。］
[2] ［参见《黑雪花》(*Schwarze Flocken*)，*Frühwerk*，页 129。］
[3] ［依据 Silbermann，页 64—65；不同意见见 Chalfen，页 122—127，以及下文所引艾因霍恩书信中策兰自己的说法。］

亲爱的埃里希:

我(出公差)到基辅已经两天了。很高兴能有机会给你写这一封很快就会寄交给你的信。

埃里希,你的父母都很健康,我在行前和他们聊过。这很幸福,埃里希,你无法想象,这是多大的幸福。

我的父母都丧生于德国人的枪下。在布格河畔的克拉斯诺波尔卡(Krasnopolka)。埃里希啊埃里希。[……]我现在体会到了屈辱和空虚,无边的空虚。也许,你可以回家。[……]

拥抱你,埃里希,

你的
老保罗[1]

从这封信可以看出,对保罗·安彻尔而言,失去父母是一种何等深重的打击。他将自己和那些父母尚还幸存的犹太老友相比较;他们有些和艾因霍恩的父母一样侥幸逃脱了流放,或是被送往德涅斯特河东岸地区,在那里活了下来(也许甚至依靠了他们年轻的、身体更强壮的儿子的帮助)。最可怕的放逐路线,莫过于从(位于德涅斯特河和布格河间的)罗马尼亚控制下的德涅斯特河东岸地区,

---

[1] [引自 Einhorn(1998),页23—24。根据 Chalfen,页137,安彻尔曾拒绝这次前往苏联的公差,但该书信证明,最后还是成行了。]

再度被转往（布格河以东）"乌克兰帝国保安局"的德国势力范围。在那里的集中营里等待着他们的是党卫军。奴隶式的劳动和疾病会毫不留情地把所有人斩尽杀绝——莱奥·安彻尔和弗里茨·安彻尔正是被送往那里，那无人生还之地。遭遇同样命运的还有策兰的表姐赛尔玛·梅尔鲍姆-艾辛格，她于1942年12月死于伤寒。

1944年春，德涅斯特河东岸集中营里的幸存者开始返回家园。保罗·安彻尔在切尔诺维茨邂逅了早年的同学伊曼纽尔·魏斯葛拉斯，听到他讲述自己如何在从一个集中营到另一个集中营的长途跋涉中，成功帮助在德涅斯特河东岸地区的老母亲[1]。朋友的经验应该对保罗造成了心理上的震撼。原本被纳粹判处死刑后来又侥幸逃脱的那些欧洲犹太人，大都患有所谓的"幸存者负罪感症候群"［Überlebensschuld-Syndrom（survivor guilt）］，这是纳粹统治留下的另一可怕的后遗症。我们所知的有关于诗人的一切资料表明，终其一生，保罗·安彻尔-策兰都对受害的父母抱有沉重的负罪感。就算他知道，不必将德国纳粹和罗马尼亚同伙犯下的罪行归咎于某个个体，但这也于其心无补。

虽然安彻尔并不知道父母的确切死亡日期，但它们成了保罗·安彻尔-策兰写作中至关重要的资讯码之一；从一开始，"1月20日"就已成为一个具有象征性依托的资讯码。父母的被害，是这个年轻人在生活和写作上产生突变的转折标志。虽然"死亡"早已是他写作中的重要主题，但安彻尔的早期诗作还是以爱情为主；现在，对死者的怀念、犹太题材和诗学上的反思，三者在诗歌中交织到一起，它们也贯穿那些爱情诗，而且此后再也不曾被诗人放弃。父母的被

---

1 ［根据 Chalfen，书中强调，魏斯葛拉斯得以"拯救他的老母亲"（页138）。也可参见其父伊萨克·魏斯葛拉斯（Isak Weißglas）的报道：《布格河边的采石场——被流放至德涅斯特河东岸纪事》（*Steinbruch am Bug.Bericht einer Deportation nach Transnistrien*，柏林，1995）。］

害，使亲爱的母语变成了凶手的语言；凶手不只一个，整个民族都是潜在的凶杀暴徒，他们都说德语，在他们精湛的杀戮技艺中，这门语言也是有力的工具之一。在这一切发生之后，作为一位犹太人，是否还能将德语当作诗艺的媒介？在一首大约作于1944年的诗《墓之近旁》(*Nähe der Gräber*)中，诗人发出了这样的追问。诗歌刚开始，就明确出现了对母亲的呼唤：

你是否能够容忍，母亲，一如从前，啊，一如在家中，
容忍这轻柔的、德语的、令人痛心的韵脚？（Ⅲ，20）

虽然与同时期的其他诗歌一样，这首诗本身还是押韵的，但是接下来的好些年里，诗人在韵脚的使用上明显变得越来越克制，直到某一阶段［最晚是在《无人的玫瑰》)(*Die Niemandsrose*)中］，韵脚终于变成了一种被异化且具有挑衅意味的形式机制。在这首诗里，诗人以借代的方式使用了"韵脚"一词，其实需要反思的，是整个德语语言。作为一个整体，这个语言与它那一切了不起的丰富传统，通通受到诗人的质疑，这一点在之后不久问世的《死亡赋格》中表现得更为明显。让我们先来看看策兰作品中的一个母题——更确切地说是一个近乎神秘的遁点——母亲形象。它以一种隐讳的，在不少情况下甚至以近乎直白的方式出现在他1943年之后的大部分诗作里。在早期的作品中，有两首"母亲节之诗"，而在策兰1943到1946年间最感人的诗作中，有好几首都毫不掩饰地与被害的母亲形成对话，或是提到了她（1938至1939年），如，《冬》(*Winter*,"现在落雪了，母亲，在乌克兰"）、《墓之近旁》、《黑雪花》("母亲")、《白杨树》(*Espenbaum*)。后来，在1948到1959年间，又有《满

手的时间》(*Die Hand voller Stunden*)、《就这样成了你》(*So bist du denn geworden*)、《旅伴》(*Der Reisekamerad*)、《她梳她的发》(*Sie kämmt ihr Haar*)、《在一盏烛火前》(*Vor einer Kerze*),以及《狼豆》(*Wolfsbohne*)问世。《黑雪花》大约作于 1942 到 1943 年之交,其中的主体诗段似乎重述了饱受折磨的母亲在那个乌克兰之冬里的一封信。在这首诗里,已经明显能够看出诗学的维度。最后一行诗"我流下泪水。我织出巾帕"(《早期作品》,129),将眼泪的流淌视为大屠杀后诗歌创作的基础,即前提条件。大屠杀之后,只有由此织出的织物,只有源自这一"基础"的文本结构,才具有合法的身份。一切立足于哀悼,立足于眼泪之源,这是 1945 年后的文学创作无法逾越的前提。后来策兰一再对此进行呼吁,这份呼吁在长诗《密接应和》(*Engführung*)中表达为:

> 它,语言,始终未曾失去,是的,尽管发生了这一切。然而,它现在必须穿过它自身的无以应答,穿过可怕的缄默,穿过致死之言的万众阴霾。它从中穿过,对所发生的事不置一词;但它穿过了这些事。从中穿过并能重见天日,通过此中的一切而"丰富起来。"
>
> 保罗·策兰,《布莱梅演讲辞》,1958 年

向
眼睛走去,将它濡湿。

向
眼睛走去,
将它濡湿—— (Ⅰ,199—200)

第二章 母亲的语言——凶手的语言

安彻尔-策兰最著名的诗作《死亡赋格》，也完全是一首有关诗学的诗。作品于 1944 年构思于切尔诺维茨，最终于 1945 年在布科维纳定稿[1]；诗人在诗中表明"他在文学上的出发点，但同时也表明了与此的绝裂"[2]。下一章将细述 1952 年后《死亡赋格》在德语世界中的接受状况（1947 年首次印刷的罗马尼亚语版和 1948 年的德语版都未产生太大影响），它令人苦恼且影响至深。在此我们先从诗学维度对这首诗做一些探讨，这本身就已具有足够的吸引力。

死亡赋格

早年[3]的黑奶我们在每一个晚上将它喝

我们在每一个正午和早晨将它喝我们在每一个深夜将它喝

我们喝啊喝

我们扬锹掘出一道空中的墓躺在那里不会挤

一个男子住在屋里他玩蛇他写信

夜色降临时他写信回德国你的金发玛格丽特

他写下那些话踱步到屋前群星在闪烁他吹起口哨唤

---

1 ［按照策兰自己的说法，写作时间为 1945 年。巴拉什（Barash）则认为写作时间为 1944 年（参见 Barash［1985］，页 101，与基特讷［Kittner］，参见 Martin［1982］，页 218）。］
2 ［Wiedemann-Wolf，页 77。］
3 早年的黑奶（schwarze Milch der Frühe）：德语中，Frühe 一词既指"早晨"，又有"早期"的意思。这两层意义维度中，后者更让人联想到犹太人代代相传的漂泊离散与被杀戮的命运。由于难以将这种双重所指同时纳入中译文，此处只好舍"早晨"之意，译作"早年的"。

来他的狼狗

    他吹起口哨唤出他的犹太人让他们扬锹掘出一道土里的墓

    他命令我们现在就奏起音乐跳起舞

    早年的黑奶我们在每一个深夜将你喝

    我们在每一个早晨和正午将你喝

    我们喝啊喝

    一个男子住在屋里他玩蛇他写信

    夜色降临时他写信回德国你的金发玛格丽特

    你的灰发书拉密特[1]我们扬锹掘出一道空中的墓躺在那里不会挤

    他大喊着往地里挖得更深些你们这些人你们那些人唱起来奏起来

    他拿起腰间的铁家伙[2]他挥舞着他的那双眼湛蓝

    把你们的锹插得更深些你们这些人你们那些人继续奏起音乐跳起舞

---

1 "灰发"(aschenes Haar)中的形容词源于名词"灰烬"(Asche),而非日常表示色彩的"灰色"(grau)。原文中的"书拉密特(Sulamith)"亦是《旧约》中犹太王所罗门的新妇。按照这层联想,本应译为"书拉密",然而在德语读音中,它和另一女子名"玛格丽特"具有相似的结尾发音,为了顾全诗歌音韵上的关联,将其译为"书拉密特"。
2 铁家伙(Eisen)在德语中既指"铁"这种物质,又指铁质的东西。在诸多中译本中,此处的"Eisen"曾被译作"皮带上的铁环"、"枪",或者它也可能指腰间的"佩剑"。本译文借用孟明先生的译法,将其译作"铁家伙"。

早年的黑奶我们在每一个深夜将你喝

我们在每一个早晨和正午将你喝我们在每一个晚上将你喝

我们喝啊喝

一个男子住在屋里你的金发玛格丽特

你的灰发书拉密特他玩着蛇

他大喊着将死亡奏得更甜蜜些死亡是一位大师来自德国

他大喊着将提琴拉得更低沉些然后你们就化作烟飞升上天空

然后你们就有了一道云里的墓躺在那里不会挤

早年的黑奶我们在每一个深夜将你喝

我们在每一个正午将你喝死亡是一位大师来自德国

我们在每一个晚上和早晨将你喝我们喝啊喝

死亡是一位大师来自德国他的那只眼[1]湛蓝

他用铅质的子弹击中了你他击中了你精准非凡

一个男子住在屋里你的金发玛格丽特

他驱着他的狼狗扑向我们他送我们一道空中的墓

他玩着蛇做着梦死亡是一位大师来自德国

---

[1]《死亡赋格》中，蓝色眼睛的意象一共出现了两次。第一次出现时，眼睛为复数形式（Augen），第二次出现时，眼睛为单数形式（Auge）。"眼睛"一词由复数到单身的转换直接再现了枪击时单眼瞄准的场景。

你的金发玛格丽特

你的灰发书拉密特

也许读者最直接的想法,便是将这首诗视为一种对死者的祈祷,视为一曲伽底什[1](当然,它由死者自己颂唱),而这首赞美诗无疑具有强烈的写实性。在首次印刷的罗马尼亚语版中,就附有如下一段颇能让人信服的解释文字:

> 我们在此发表的这首译诗源于事实。在卢布林(Lublin)和其他一些纳粹"死亡集中营"里,当一部分被审判者挖掘坟墓时,另一部分被审判者则被强制奏乐。[2]

策兰自己在1961年给瓦尔特·延斯[3]的一封信里也写道:"众所周知,在这首诗里,'空中的墓穴'[……],既非借用,亦非隐喻。"[4]诗中的大部分其他细节也是如此。但是如果只将此诗理解成对死亡集中营中恐怖状况的描写,那么我们还是没有领会《死亡赋格》的用意所在。完全有理由认为,这也是一首醉心于文学的诗歌,引用通篇可见。[5]

首先引人产生这一发现的,是诗歌开头的符码"早年的黑奶"。

---

[1] 伽底什(Kaddisch):犹太教每日做礼拜时或为死者祈祷时唱的赞美诗。

[2] [引自Solomon(1980),页56。]

[3] 瓦尔特·延斯(Walter Jens,1923—2013),文学评论家、语文学家、作家、翻译家,曾任联邦德国笔会主席、西柏林艺术学会主席。

[4] [Wiedemann-Wolf,页85。]

[5] [克劳斯·瓦根巴赫(Klaus Wagenbach)于1968年第一个为此提供证据;类似的还有Janz(1976),页216;Wiedemann-Wolf,页77—90。]

我们在后来的二三十年里发现，类似的矛盾修辞法不仅存在于其他同时代布科维纳诗人的作品里（如伊萨克·施赖尔、罗泽·奥斯伦德尔以及阿尔弗雷德·马尔古-施佩贝尔），而且出现于——年代更为久远的——特拉克尔、兰波、让·保罗的作品与《旧约》[《耶利米哀歌》(Klagelieder Jeremias)]中。在这样的背景下还出现了克蕾尔·戈尔所散播的抄袭指控；按照最保守的估计，这一指控对策兰造成的巨大困扰应始于1960年。

另外，伊曼纽尔·魏斯葛拉斯的诗歌《他》(Er)于1970年2月在布加勒斯特发表，据他自己的可靠说明，该诗写于1944年，在母题层面上它表现出和《死亡赋格》惊人的相似性。魏斯葛拉斯的诗中也有一位"德国的大师"，他"玩蛇"，他命令诗中合唱的"我们"，让"我们"一面"拉琴"跳舞，一面"将墓穴举上天空"，也说到了"德国"的"格蕾辛(Gretchen)的头发"[1]。比较安彻尔-策兰和魏斯葛

伊曼纽尔·魏斯葛拉斯，1938/1939左右。

拉斯的诗便可以清楚地看到，有关时间先后和有关是否抄袭的追问根本就无关宏旨，相反地，它们只会将人引入歧途；虽然主题震撼人心，母题能给人强烈的暗示，但是这篇由四个有韵诗节组成的魏斯葛拉斯的《他》仍是一首完全循规蹈矩的诗。

---

1 ［首次印刷见 Neue Literatur [Bukarest] 21 (1970)，分册2，页34。1947年，魏斯葛拉斯的集中营系列诗《布格河边的卡利拉》(Kariera am Bug)在布加勒斯特出版，其中没有收录《他》。］

魏斯葛拉斯（逝世于 1979 年）比安彻尔年长半岁，他们相识于切尔诺维茨的罗马尼亚语中学，曾同班一年，后来因为魏斯葛拉斯需要复课一年[1]，两人便不再同级。对于诗歌，他们肯定同样怀有特别的兴趣。但是，安彻尔和魏斯葛拉斯之间的关系如何呢？两人共同的老友埃迪特·西尔伯曼和阿尔弗雷德·基特纳声称两人有着亲密的诗人间的友谊，在布科维纳期间，他们不断进行着文学上的对话；但鲁特·拉克纳和罗泽·奥斯伦德尔不认同这段友谊的存在（伊斯拉埃尔·沙尔芬同意她们的观点），布科维纳时期最亲密的朋友彼得·所罗门甚至断言安彻尔-策兰对魏斯葛拉斯怀有敌对情绪[2]。最能令人信服的情况可能是两者兼而有之：他们有着深入的文学上的对话，在大多数情况下这是诗人间的良性竞赛，但长久以来，双方又渐渐觉得，对方在创作上的努力出现偏差，已入歧途（至少，安彻尔本人是这样认为的）。

此番假设又让我们重新联想到《死亡赋格》与魏斯葛拉斯的《他》之间的关系。如果将《死亡赋格》中的通篇引用，视为在文学上对德意志传统的一种严厉清算，那么我们简直没有理由不认为，安彻尔一定觉得魏斯葛拉斯的《他》是一种挑衅，逼迫着他进行一场诗歌上的"论战"（我们不愿将之视为戏仿[3]或唱反调），逼迫他冲破诗所坚守的惯例。与这曲反调有关的，并不仅限于少年同窗的这首循规蹈矩的诗，以及已成为经典隐喻的矛盾修辞法。《死

---

1 ［参见 Rychlo，见 Corbea/Astner（1990），页 207—208。］
2 ［参见 Silbermann，页 23；Chalfen，页 72—73 与页 138；Kittner 见 Martin（1982），页 217—218；Wiedemann-Wolf，页 81—82。］
3 戏仿（Par-Ordie）：又译作"谐仿"或"戏拟"，指作家在自己的作品中对其他作品进行借用，以达到调侃、嘲讽、游戏甚至致敬的目的。戏仿的对象通常是大众耳熟能详的作品。

亡赋格》在众多的传统元素间取得了平衡：巴赫的《赋格的艺术》（*Kunst der Fuge*）和歌德的《浮士德》（*Faust*），海涅的《奴隶船》（*Das Sklavenschiff*）和莫里克（Mörike）的《画家诺尔顿》（*Maler Nolten*），还有中世纪有关死亡之舞的文学，以及从格吕菲乌斯（Gryphius）到海姆和特拉克尔的死亡比喻。另外，《死亡赋格》以"一重一轻律"开篇，后面则以"一重二轻律"为主，这种韵律上的安排可以被解读为对绝大部分德语诗歌（从歌德到霍夫曼斯塔尔和里尔克）传统的不现形引用。诗中唯一一处嵌入的尾韵（"死亡是一位大师来自德国他的眼睛湛蓝／他用铅质的子弹击中了你他击中了你精准非凡"），可以被看作"德语的、令人痛心的韵脚"的拒绝——那是"致命的精准命中"[1] 这"韵脚"太"令人痛心"，在以后的日子里应予以回避。这是《死亡赋格》的一个，也许是唯一的主题，它赋予德国人双重的大师气质——艺术上的和杀戮中的。当男子向那些赴死者颁下命令，令他们用音乐和舞蹈将自己的死亡演绎成一种艺术时，这两种精湛的技艺交织到了一起："他叫嚷着将死亡奏得更甜蜜些死亡是一位大师来自德国／他叫嚷着将提琴拉得更低沉些然后你们就化作烟飞升上天空。"

在这两种行为中，都能窥见现代的男性纳喀索斯之梦：那是希望能够无限支配世界的迷狂，整个世界都是他们实现自身企图的资源（在第二种情况中，这种资源就是"人"本身），世界只为契合他们的意图而备。策兰诗中的"男子"，那"大师来自德国"，便是痴迷于纯粹而绝对的（非社会性的）艺术之人的化身。他将艺术作为进行另一项同样纯粹而绝对的行为时的激励：集体大屠杀。

---

[1] ［Wiedemann-Wolf，页265。］

与德意志的传统存在一同被唤起的还有另一种传统存在,那便是犹太的。除了《耶利米哀歌》(第四章,7—8诗行),在《诗篇》第137首开头,也出现了和《死亡赋格》类似的情形;加诸异域被俘者身上的恐怖与强制性的音乐演奏交织在一起:"我们曾在巴比伦的河边坐下,一追想锡安就哭了。我们把琴挂在那里的柳树上,因为在那里掳掠我们的,要我们歌唱,抢夺我们的,要我们作乐,说:'给我们唱一首锡安歌吧!'"[1]而最后出现书拉密女——《雅歌》(Hohenlied)中所罗门的爱人,在这里她的头发是紫黑色而不是死灰色;她代表着能够幸福返回锡安山的诺言。

德意志和犹太的文学传统并非一直相互斥离,很多时候它们也会相遇,也会相互渗透;这样的情况出现在《圣经》的翻译中,出现在海涅身上,也出现在布科维纳的德语犹太诗人中。我们在此可以清楚地看到,这位曾经相信德意志-犹太共存体的年轻诗人,正深陷于存在的绝望,无法解脱。借着《死亡赋格》,在很大程度上已被同化的他,开始重新走近他的犹太民族——在那历史的一刻,在欧洲犹太人遭到毁伤的一刻。诗人希望能够摆脱从来无法减退的负罪感,希望可以在事实之后和虚拟之中,将自己和自己所属的犹太民族(尤其是母亲)联系起来,融为一体。除了这个意义之外,我们无从解释此时的他为何如此希望将自己深深嵌入自己的犹太民族传统。然而,横亘于现实牺牲者和幸存者间的裂痕,从来就无法弥合。直到策兰自尽,裂痕才以最悲哀的方式被填平。

《死亡赋格》是一个充满矛盾的创构。20世纪五六十年代它在联邦德国的接受情况再一次说明了这一点;它一方面借用了迄今为

---

[1] 该译文源自《圣经》和合本。

止尚能相互协调的传统存在，另一方面又与之保持距离（有时甚至将它们摒弃），认为它们已被剥去所有，不再能够被放心使用。在诗歌的末尾，还分别出现了德意志和犹太两种不再可能调和的出身。格雷辛是曾翻译过《雅歌》的歌德笔下的人物，在此，她和化为灰烬的书拉密女互不和解："你的金发玛格利特／你的灰发书拉密特"。

与此同时，诗却也保留了一种迷人的美感、一种音乐上的魅力、一种近乎神秘的魔力。习惯对主题缓和有所期待的读者将难以抵抗这样的魔力。20 世纪 50 年代诗歌的接受情况就告诉我们，《死亡赋格》太容易被简单地解读作一首美的诗，太容易成为读者享用的对象。

第三章　从安彻尔到策兰
布加勒斯特 1945—1947

1944年秋，切尔诺维茨大学作为一所苏联-罗马尼亚大学二度开放。保罗·安彻尔又能够重新在此注册入学，这一次他成了英语语言文学系的学生，在专业选择上，安彻尔本人对莎士比亚的热爱起了决定性作用。与此同时，他也为当地的罗马尼亚语报纸翻译一些时髦作家的文章，借此挣钱糊口[1]。虽然他又回到父母在马萨里克巷10号的故居，但不久之后，局势逐渐明朗，布科维纳最终还将划归苏联。由此，他认定自己在故城的居留只是暂时性的。

就在1944年秋到1944至1945年冬的这段时间里，策兰的人生计划突然明晰起来：虽然德国人给他造成了伤害，但他仍要成为一位德语诗人：他在这一时期精心撰写了两册内容丰富的诗集（其中一本是手写的）。在这样的考量下，1945年4月策兰迁居布加勒斯特的行动想来也是权宜之举；他所希望的是能够长期定居德语地区（最好是维也纳），但这个计划在当时的政治情形下几乎无法实现。后来他在1958年的《布莱梅演讲》中这样写道：

---

[1]　[*Fremde Nähe*，页55。]

那可及的，足够遥远，那可以企及的，它的名字叫维也纳。各位也知道，这些年里，我所说的可以企及是怎样一种状态。（Ⅲ，185）

安彻尔是罗马尼亚公民，已经很好地掌握了罗马尼亚语，这个首都城市又呈现出一派有趣的文学景象，于是，布加勒斯特便成为眼前适宜的新居所。此外，就当时的情况看来，这个重新回到米哈伊一世[1]统治下的国家，虽然无意于自由的西方路线，但似乎也不会走上严苛的前苏维埃道路。出于同样的原因，很多切尔诺维茨人（他们大都是犹太学者或艺术家）都迁居布加勒斯特：其中有保罗的朋友鲁特·拉克纳、埃迪特·霍洛维茨、摩西·巴拉什（Moshe Barash）、霍里亚·德莱亚努（Horia Deleanu），以及同为作家的阿尔弗雷德·基特纳、伊曼纽尔·魏斯葛拉斯、阿尔弗雷德·贡和罗泽·奥斯伦德尔。1946年8月，

> 布科维纳Ⅱ／罗泽·奥斯伦德尔
>
> 这土地，它将我
> 造就
>
> 河渠纵横
> 蓑草茵茵
> 蓝莓满山
> 乌黑如蜜
>
> 四种语言如兄弟般应和的歌
> 在这纷乱的时代里
>
> 四散开去
> 岁月涌向
> 消融的河岸

---

[1] 米哈伊一世（Mihail I，1921—2017），罗马尼亚君主立宪制度下的末代国王，在"二战"中与首相安东内斯库的政见有异。1944年夏，他与罗马尼亚共产党合作，逮捕安东内斯库，改变了罗马尼亚在战争中的立场。1947年12月30日，罗马尼亚社会主义共和国成立，米哈伊一世宣布退位，此后移居瑞士。

在罗泽·奥斯伦德尔第二次流亡美国前不久，安彻尔还听过一次她的朗诵。

布加勒斯特，曾经的"东方巴黎"，虽然经历过一次地震（1940年）和战争空袭，它依然还是一个保持着巴尔干-拜占庭生活方式、充满活力、绽放着老式欧洲魅力的城市。德国的占领结束后（也意味着安东内斯库将军法西斯统治的终结），多姿多彩的艺术活动开始在这片土地上萌发。罗马尼亚读者群是亲法的，来自法兰西的影响在此地产生了重要作用；战后，崔斯坦·查拉[1]、路易士·阿拉贡和保罗·艾吕雅都曾到访布加勒斯特。保罗·安彻尔经历了这一切。

早在1934年，当时还是中学生的安彻尔就曾经在布加勒斯特待过几天。现在，他注册进入大学，在阿尔弗雷德·马尔古-施佩贝尔那里度过了第一夜后，便开始与列昂尼德·米勒（他们相识于1935年，1938年又重逢于巴黎）共用一间学生宿舍。刚开始的时候，安彻尔为一份共产主义文化杂志《火花报》（*Scinteia*）做翻译，以此勉强度日。不久之后，大约在1945年秋，他有了一份正式且足以谋生的工作。因为他的俄语很好，便有人聘他为一家新成立的俄语书出版社（Cartea Rusă）做正式编辑，负责向罗马尼亚读者引介新旧俄语文学作品；一时间，安彻尔将大量俄语文学翻译成罗马尼亚语，其中包括莱蒙托夫（Michail Lermontow）的《当代英雄》（*Ein Held unserer Zeit*）以及契诃夫（Anton Tschechow）的一些小说。1946年，这些译作出版，这甚至是诗人的文字第一次正式发表付印。书上的署名是罗马尼亚语化的名字"安策尔"（Ancel）。1947年，他又翻译了康斯坦丁·西蒙诺夫（Konstantin Simonow）的宣传性

---

[1] 崔斯坦·查拉（Tristan Tzara，1896—1963），达达主义创始人，原籍罗马尼亚，后入法籍。

文字《俄罗斯问题》（*Die russische Frage*），以及一些来自苏联、带有强烈意识形态印记的文章。这些译作都署着假名"A．帕维尔"[1]。由此可以看出，这些只是不得已而为之的工作，安彻尔本人希望与此翻译工作者身份保持一定的距离。

正是因为渴望写作并希望生活在作家当中，保罗·安策尔（依据他当时的名字）才会前往布加勒斯特。阿尔弗雷德·马尔古-施佩贝尔也许对他的这一抉择产生过决定性影响（事实是否如此，我们不得而知）。马尔古-施佩贝尔是一个身高超过两米的大个子，比所有人都高出一头，出生在布科维纳乡村，生长于切尔诺维茨，几年兵役之后重返切尔诺维茨，在文学方面颇为活跃；1920 到 1924 年间，他生活在巴黎和纽约，与阿波利奈尔和伊万·戈尔[2]走得很近，甚至还认识卡夫卡。1924 到 1933 年间，他激发和引导着切尔诺维茨的文学生活。退隐乡间后，他还和从托马斯·曼（Thomas Mann）到艾略特（T. S. Eliot）等世界级作家保持书信往来。1940 年后，他生

从右侧起，阿尔弗雷德·马尔古-施佩贝尔、摩西·罗森克兰茨与一位熟人。

1　A. 帕维尔（A. Pavel），Pavel 是 Paul 的俄语变体。
2　伊万·戈尔（Yvan Goll, 1891—1950），以法语、德语和英语写作的作家，法国超现实主义代表人物。直至 1871 年，其出生地乎日圣迪耶都属于法国领土，后虽被划归德意志帝国，但当地居民在心理上仍觉得自己归属于法国。

活在布加勒斯特，在多数情况下都颇为拮据，但幸运地躲过了流放。1945年后，他终于又能够依从本心，重新扮演起新文学推动者、翻译家及诗人的角色。

保罗·安策尔当然读过他的诗集《风光的比喻》(*Gleichnisse der Landschaft*，1934）与《秘密和放弃》(*Geheimnis und Verzicht*，1939），但他从未见过马尔古-施佩贝尔本人。到布加勒斯特后不久，他就开始寻访这位辈分足以做他父亲的人物。鲁特·拉克纳曾转交给马尔古-施佩贝尔一摞策兰的诗作，后者表现得相当兴奋；这位年长者早已经历了自己的表现主义阶段，"在有关自身诗歌对象的形式、选择和处理上坦率地拥护着一切老式和传统的东西"[1]。然而，这些却无损于两位诗人间的真挚关系。安策尔在献给施佩贝尔的诗《阿尔忒弥斯[2]之箭》(*Der Pfeil der Artemis*) 的起首句段里写道："时间坚定如铁进入它最后的年岁。／只有你在此耀目如银"[3]。由此，年轻的诗人明确而满怀敬意地表达了两者间的距离。

在施佩贝尔身上，"知识分子式的好奇心与精神上的大度相辅相成"[4]，使他成为这位布科维纳年轻同乡无私的朋友和提携者。再没有第二个人能像他那样迅速地对保罗的卓越天赋表示出认同与赞赏。后来，在1948年，马尔古-施佩贝尔还（经维也纳和苏黎世）为策兰开辟了通向德语文学界的道路。在艰难的60年代初期，年轻的诗人曾一再心存感激地忆起这段友谊。

---

1 ［Margul-Sperber：*Gleichnisse der Landschaft*. Storojinetz，1934，页5。］
2 阿尔忒弥斯（Artemis），希腊神话中的月神和狩猎女神。
3 ［*Frühwerk*，页134。］
4 ［所罗门在其哀悼马尔古-施佩贝尔的悼辞里。*Neue Literatur 6*（1973），页4。］

1944年夏天的布加勒斯特：环形大街边的施塔内斯克饭店（Hotel Stanesco）与联合饭店（Hotel Union）。

继图尔的求学时光之后，安策尔再次长期生活在日常用语非德语的语言环境之中。德语被保留为诗的语言，就像一所多语言屋宇中的一个房间，屋宇中，罗马尼亚语和俄语也有着同样重要的地位。虽然在布加勒斯特的两年半时间里，借助德语进行的人际交往还未被边缘化，但是此时罗马尼亚语已占了上风——在私人、工作和文学的相遇里。

与在种族隔离区、劳动营以及之前在切尔诺维茨度过的时光（1944—1945）相比，这位25岁左右的年轻人现在终于有了真正意义上的私人生活，而他正全身心地体会和享受着。保罗·安策尔的行为和其他经历战争和迫害而幸存、希望能够忘却一切、希望真正开始生活的年轻人，没有什么两样。布加勒斯特时期的一位女性好友尼娜·凯西安（Nina Cassian）这样回忆道：

> 我们共同参与的那段时光，是一段充满了不可遏制的希望的时光，在令人震惊的灾难之后，希望一直不停地露出头来。这样的时光只有短短几年，之后便突然变了样子。[……]刚刚品尝到的自由滋味还残留在我们的唇边。[1]

所有来自朋友们的说法都一致认为，此番新的生活感受在年轻作家身上得到了很好的体现。将他想象成一贯感伤，甚至沮丧的样子，这显然是一种误解。当然，他是"beau ténébreux"[2][3]，一位"有修养的浪漫主义者"，他的"魅力……被迷雾和忧郁所掩盖"[4]，他"带着芭蕾女主角式的优雅，孤寂地在自己面前舞过"[5]。他热爱浪漫的艺术家之间的交往，他会笑、会玩乐（1945 至 1946 和 1946 至 1947 两年除夕夜的庆祝会后来被人一再忆起），而且他享受着爱情，他可以很幸福。与同样居住在布加勒斯特的鲁特·拉克纳间的联系逐渐减少了，最终几乎消失殆尽，取而代之的是新的爱情。在这些全新的感情里，他再也没有了先前的拘谨。彼得·所罗门曾玩笑式地谈到一份"自愿牺牲者"的长名单[6]：跟随安策尔由切尔诺维茨来到布加勒斯特的罗莎·莱博维奇（Rosa Leibovici）；被安策尔称为"乔

---

1 ［Cassian，见 Martin（1982），页 211。］
2 法语，意为"优雅的阴郁者"。
3 ［Crochmălniceanu，见 Martin（1982），页 213。］
4 ［Baunuş，见 Martin（1982），页 207。］
5 ［Aderca，见 Martin（1982），页 206。］
6 ［Solomon（1990），页 49。］

娅（Gioia）"的利亚·芬格胡特（Lia Fingerhut），1964年的诗《灰烬的荣光》（*Aschenglorie*）纪念的就是她以及二人共同的"蓬托斯海往事"（Pontischen Erstmals）[1]；最后还有女演员科丽娜（丘奇）·马尔科维奇［Corina（Ciuci）Marcovici］，她也许是其中最重要的一个，但绝不是唯一。

在1946年秋季到1947年年末这段时间里，所罗门也许是他最亲密的友人。在他的回忆中，安策尔是一个"充满活力，大都较为平和，总是乐于助人，甚至颇为幽默"的人，他的灵魂"并不只充斥着绝望，其中也满怀希望"[2]。比诗人小两岁的所罗门是罗马尼亚犹太人，在巴勒斯坦度过了1944到1946年的时光；从布道士式的狂热中冷静下来之后，重又回到布加勒斯特。他也就职于俄语书出版社，从事法语翻译，后来也翻译英语文章，此外还写作诗歌。按照他自己后来的总结，两人的友谊是基于始终不渝的兄弟之爱以及"才智上的近似，相近的文学品味以及对文学的同样偏好"[3]：从里尔克到卡夫卡。当时安策尔已将卡夫卡的四篇小说以及《在法的门前》（*Vor dem Gesetz*）译成了罗马尼亚语。[4]

对于文字游戏的共同热爱，将他们紧密联系在一起，在这份共同的热情中，他们已达到忘我的地步。所罗门以《保罗·策兰小记》（*Paul Celans Abendbüchlein*）为题记载了这位朋友当时的那些俏皮话，并凭记忆引述了一些有趣的例子；例如，其中的一

---

1 ［全集Ⅱ，页72；策兰1967年10月23日书信，见：Solomon（1982），页30。］蓬托斯海是黑海的古称。策兰早年曾与女友利亚·芬格胡特同游该地。之后不久，1961年的一个美丽夏日，她在黑海边的曼加利亚（Mangalia）投水自尽。
2 ［Solomon（1980），页51与53。］
3 ［同上，页54。］
4 ［参见Martin（1982），页286。］

段文字满怀爱意地描摹了两者间的友谊："Muzica de anticamera: Solo de Petronom cu acompaniament de Pauoloncel."——译为德语大意是："前厅音乐：彼得颂歌（Petronom）的独奏伴着保罗提琴（Paoloncello）。"[1]1948年3月，策兰从维也纳写信给所罗门（落款为"你忠诚的朋友和长着条顿舌头的忧伤诗人保罗"），满怀渴望地忆起了"cette belle saison des calembourgs"——那段俏皮话的美妙岁月[2]，他知道，这美好的时光已一去不复返。20世纪60年代，策兰还特别强调，较之于那些来自法国和德国的"文学上的朋友"，只有罗马尼亚的"amis poètes"[3]，才与他有着心灵上的亲近。[4]

所罗门强调安策尔想象力中"游戏的"一面，强调他性格的完整性，认为他"绝不轻视偶然之成果"[5]。这样的看法再一次架起了一座桥梁，引领作家走向他那时建立起的"布加勒斯特亲合体"[6]，更引领他走向（罗马尼亚）超现实主义：发生在他们间的文字游戏便属于这种超现实主义传统的一部分。很快，安策尔就成了一位出色的现代罗马尼亚诗歌通。这些诗影响着他，甚至有一阵子，这位来自布科维纳的德语诗人几乎就要成为一位罗马尼亚语作家了。[7]他怀着崇高的敬意去阅读三位罗马尼亚现代派经典作家的作品：他们是露西娅·布拉加（Lucian Blaga）、图多尔·阿尔盖济（Tudor Arghezi，安策尔曾经翻译过他的两首诗）以及亚历山德鲁·菲利皮德

1　[Solomon（1980），页60。]此处将二者的名字"Paul"和"Petre"谐音化后与"Cello"（德语，意为"大提琴"）和"Nome"（古法语，意为"阿波罗颂歌"）分别组合成词，取其意译作"彼得颂歌"和"保罗提琴"。

2　[同上，页62。]

3　法语，意为"诗人朋友"。

4　[1962年9月12日书信，见Solomon（1980），页59。]

5　[同上，页55。]

6　[Wiedemann-Wolf，页91。]

7　[参见策兰的罗马尼亚语文章，见 *Frühwerk*。]

（Alexandru Philippide，安策尔每周都会在出版社或马尔古-施佩贝尔那里和他碰一次面）。他们和他都差着一两代人的距离。安策尔也与罗马尼亚超现实主义的领袖人物，如盖拉西姆·卢卡（Gherasim Luca）和保罗·保恩（Paul Păun），有着直接交往。与这些罗马尼亚作家以及他们的法国榜样布勒东、艾吕雅和阿拉贡一样，超现实主义对保罗而言并不只是写作上的巧技（在"écriture automatique"[1]中便有所强调），它意味着更多，是"un état de l'esprit"[2]，是与他所崇敬的保罗·艾吕雅间的对话。和他们一样，他也为超现实主义中所埋藏的先天的政治及革命冲动所吸引。那是一种不肯顺应时势的姿态，是对自由的、非教条性的社会主义的青睐。正如身处布加勒斯特的安策尔在不快中逐步看清斯大林主义的面目一样，之前表现出反纳粹立场的超现实主义，现在也成了斯大林主义的反对者（后者则反过来将超现实主义宣布为自己意识形态上的敌人）。诗人对超现实主义的好感非同一般，深深吸引他的应该更是它对语言的见解，是将对立和不相容之物并置到一起的超现实主义意象。在那里，"陌生的与最陌生的相结合"（Ⅲ，158）。

从一开始，在保罗·安策尔的诗歌里就混杂了大量非理性的、情感和感官上的元素。其间，让人能够最直接感受到的便是诗句中强烈的音乐感和震撼人心的意象，而它们的对话对象从来就不仅限于读者的清醒意识[3]。通过对文学和造型艺术中（罗马尼亚）超现实主义的进一步了解和探讨，他意识到，这一思潮（在很多方面显然受到了心理分析的启发）认为能从无意识与梦境中释放出创造力，

---

[1] 法语，意为"自发的文字"。
[2] 法语，意为"一种精神上的状态"。
[3] 清醒意识（Wachbewußtsein）：心理学名词，也称作"日间意识"（Tagesbewußtsein），与"梦境意识"（Traumbewußtsein）相对。

这对他自身的工作产生了很大启发；安策尔发现，在忘却和重新忆起之间，在罂粟与记忆（1952年的诗集即以此为题）之间，存在着富于创造可能的交互作用。作为一位永远的深切哀悼者，安策尔日益感到，因母亲之死、因一切被谋杀的犹太同胞而产生的伤痛如此巨大，仅凭借"干巴巴的"理性已无法承受与克服。有关此番认识的相关文字出现于后来的诗学短文《爱德格·热内——梦中之梦》（*Edgar Jené. Der Traum vom Traume*）和一些创作于维也纳（1948年的半年中）的诗歌里。

在切尔诺维茨时，作家已经找到了一种以"一重二轻律"为主的长句（最长时有九节）诗歌形式。他在布加勒斯特又将这种形式加以发展，将一些常具有超现实主义感的意象织入纯个性化的韵律框架。如此一来，诗人便建立起了属于自己的特点。合乎韵脚的诗歌虽然还占主导地位，但是对韵脚的有意识规避表现得越来越明显，从早期的母亲主题诗歌《墓之近旁》到稍晚一些、大概作于从切尔诺维茨到布加勒斯特过渡时期的《白杨树》，其间的转变给人留下了深刻的印象。

> 白杨树，你的叶子在黑暗中闪着白光。
> 我母亲的头发永远不会再变白。
>
> 蒲公英，乌克兰如此苍翠。
> 我金发的母亲没有回家。
>
> 雨云，你是否在井边忧郁踟躇？
> 我轻柔的母亲为了所有人而哭泣。

>　　圆圆的星星,你围着金色的饰带。
>　　我的母亲的心脏被铅弹击伤。
>
>　　橡木大门,是谁将你从枢轴上举起?
>　　我温柔的母亲不能够来。　(Ⅰ,19)

《墓之近旁》也由五段两诗行的诗节并列构成。不过,《墓之近旁》中的诗句两两押韵,而在这首《白杨树》里,韵脚消失了。在早期诗作《墓之近旁》中有关死亡和哀悼的母题就已经与自然中的图像(也曾出现过白杨)交织到一起;而在这里永远美丽、充满生机的自然与被杀害的母亲("被铅弹击伤")构成了强烈对比,并在诗中相继出现四次。两篇诗歌的简单结构,以及诗中以自然起兴的方式,均能在罗马尼亚民间歌谣中找到范例[1],这样的处理方式使读者在阅读时更易理解。但是关键之处在于,现在这些两两平行的诗行(第五诗节除外)不再以自然类比人与人之间的关系,而是向我们展示出一种最深刻的、无法消除的异化。后来,"永远无法变白"的死者头发(我们会联想到《死亡赋格》中书拉密特的"灰发")这一母题,一直伴随着策兰的诗歌长达数十年之久,例如在写于1961年的《灵光》(*Mandorla*)中就有这样的诗句:"犹太人的卷发,将不会变得灰白。"(Ⅰ,244)

因为这些复杂的、超现实主义式的意象和联想技巧,所以大多数写于布加勒斯特的诗歌都比《白杨树》要难懂一些;在诸如《沙

1　[参见 Stiehler(1972),页 18。]

漠中的一支歌》(*Ein Lied in der Wüste*)、《你无谓地将心绘于窗上》(*Umsonst malst du Herzen ans Fenster*)、《骨灰瓮之沙》(*Sand aus den Urnen*)或《九月里阴沉的眼》(*Dunkles Aug im September*)这些诗中，有关爱情、梦和死亡的主题交织在一起（在这一阶段，已几乎不再有脱离对死者的怀念而单独存在的爱情诗）。让人意外的是，在这些诗中经常会有"骑士"的形象出现，有关甲胄和武器、头盔和盾牌、宝剑和长矛的意象也穿插其间。里尔克的"旗手"及其对死亡的审美化处理方式并不遥远。

1946至1947年以后，审查制度对文学生活的影响日益显著，除了毫无想象力可言、狭隘的社会主义现实主义，再不允许出现任何其他风格的作品。在这种情况下，保罗·安策尔的诗歌得不到好评也在意料之中。让人意外的是，文化政策虽然越来越僵化，诗人却能在1947年5月两度亮相于文坛；1947年5月，《现代人》(*Contemporanul*)杂志以"Tangoul morții"（意即《死亡探戈》）为题发表了《死亡赋格》的译文，诗歌由好友彼得·所罗门翻译，经作者审定，第一次署上了"保罗·策兰"（Paul Celan）这个名字；同月，经马尔古-施佩贝尔推荐，《阿格拉》(*Agora*)杂志第一次以德语刊登了诗人的三首诗作《盛宴》(*Das Gastmahl*)、《蕨的秘密》(*Das Geheimnis der Farne*)、《一只水彩的野兽》(*Ein wasserfarbenes Wild*)，这一次使用的也是他的新笔名。

很久以来，安策尔就已考虑更改听起来不甚雅致的姓氏（德语写法尤其如此），以顺应出版的需要。在这方面，改名为"贡多尔夫"的弗里德里希·贡德尔芬格[1]为他树立了前例。阿尔弗雷德·马尔

---

[1] 参见页45有关弗里德里希·贡多尔夫的注释。

古-施佩贝尔的妻子杰西卡［Jessika，昵称杰蒂（Jetty）］提出，可将他姓氏中的字母重新排序，改为"策兰"（Celan），保罗对此欣然接受[1]。暂且不论他在多大程度上，想到了圣方济各会修士策兰诺的汤玛斯[2]——策兰对圣方济各（Franz）极为尊崇，这从他的诗《阿西西》(*Assisi*)就能看出来。策兰后来为自己出世不久旋即夭折的长子起名为弗朗索瓦，这样的做法大概也与此不无关系。且不追究他是否想到拉丁语动词"celare"（隐匿），甚或同为拉丁语，指税吏（Zöllner）的词"tolonarius"（古高地德语写为"zolouari"）；此外，我们还能看出它和拉丁语词"caelare"（镂刻，用刻刀工作），特别是和策兰多次使用的一个词"schilpen"（或写作"tschilpen"，它们另外还有"在木头或石头上刻"的意思）之间的关联。[3]当然，作家在阅读让·保罗的小说《昆图斯·菲克斯莱因的生平》(*Leben des Quintus Fixlein*，1976）时划下的这段话也绝非偶然："因此，我将我的名字视为我自己的伪币，并将自己看作一个完全不同的人。"[4] 一个有着新名字的完全不同的人——德语诗人保罗·策兰。现在，他

---

1 ［依据流传最广的版本。按照 Chalfen（页174—175），埃迪特·霍洛维茨后来的丈夫雅各·西尔伯曼（Jakob Silbermann）说，在切尔诺维茨时，他和安彻尔共同拟定了"策兰"（Celan）这个名字。M.菲舍曼·卡维则将赫尔施·泽加尔（Hersch Segal）说成笔名的始作俑者（1995年3月11日的谈话）。］

2 策兰诺的汤玛斯（Thomas von Celano，约1190—1260），圣方济各会修士、编年史家，生于意大利小城策兰诺（Celano），曾亲证并记录了迫封方济各为圣徒的仪式，后受教皇之命为方济各作传。传记三易其稿，最终成为了解圣方济各生平的最权威著作之一。

3 作者在此借用了克劳斯·赖歇特（Klaus Reichert）对于"schilpen"一词的解释。后者在文章中指出，根据《格林德语词典》(*Deutsches Wörterbuch von Jacob Grimm und Wilhelm Grimm*）的记载，"schilpen"还有一个并不常用到的意思，即：在木头或石头上刻。这层含义在其它常用德语词典中并未出现，该词词义通常被标注为"(麻雀)叽叽喳喳"。［参见 Reichert（1988），页165，以及全集Ⅰ，页242；全集Ⅱ，页121中的诗；主要为 *Die Gedichte aus dem Nachlass*（1977），页167。］

4 ［参见 Gellhaus（1993a），页45。］

也成了公众人物。另据策兰说，他的名字应被念作"Tsélan"。

1947年5月，在布加勒斯特付梓的三首诗中的一首《一只水彩的野兽》，后更名为《最后的旗帜》(*Die letzte Fahne*)——是一件易爆的走私货，幸运的是，它没有被审查机构发觉。在不明就里的人看来，一切都像是超现实主义者的呓语，而这却是策兰的伪装，用以嘲讽那些审查的猎手。诗是这样开头的：

> 一只水彩的野兽被追赶在暮色降临的边界。
> 快戴上面具、把睫毛涂绿。
> [……]
> 云雾，狗叫！他们在蕨草丛中骑上疯狂！
> 像渔人把网撒向鬼火和鼻息！
> 他们用绳套住王冠，邀约起舞！　　（Ⅰ，23）

1947年10月以后，超现实主义被罗马尼亚官方完全禁止。策兰的女友尼娜·凯西安必须低声下气地为她的第一部诗集进行自我批评。1947年12月30日，国王米哈伊一世被迫退位，罗马尼亚社会主义共和国宣告成立。对"真正的社会主义"仍心存好感的保罗·策兰不想被驱逐，但也不愿为自己的诗套上面具。他虽然从未将布加勒斯特的生活视为流亡，然而他明白，此地无望让他成为一名自由的德语作家。于是，他离开了这个国度。

第四章 "我们相爱如罂粟与记忆"
维也纳 1947—1948

保罗·策兰从布加勒斯特移居维也纳的过程，绝无乐趣可言；这是一次异常艰难的旅行[1]，是一次冒着身体和生命危险的逃亡。因为逃亡者众多——仅1947年11月和12月就有3200人前往维也纳，其中多为罗马尼亚籍犹太人——罗马尼亚当局展开了系统搜捕，很多人在试图跨越边境前往匈牙利时遭逮捕或被射杀。[2] 不过，通过匈牙利蛇头的有偿帮助，策兰还是成功到达。在布达佩斯（Budapest）暂作停留之后，他于圣诞节前夕抵达维也纳，并先落脚在难民营里。他被迫将全部财产留在布加勒斯特，行前只能和几个亲密好友（马尔古-施佩贝尔、彼得·所罗门、鲁特·拉克纳和科丽娜·马尔科维奇）道别并将自己的手稿托付给他们。

1947年的维也纳是一座废墟上的城市，但它已从废墟中崛起，重现昔日的活力。威尔斯（Orson Welles）著名的电影《第三人》（*Der dritte Mann*）讲述了1945年后在这个被一分为四的城市里的生活，

---

1 ［1948年2月11日书信，见Margul-Sperber（1975），页50。］
2 ［Thomas Albrich: *Exodus durch Österreich. Die jüdischen Flüchtlinge 1945—1948*, Innsbruck, 1987, 页153。］

它能帮我们了解保罗·策兰在维也纳度过的半年（1948年7月诗人由维也纳前往巴黎）到底是什么样子。另外，我们还可以参看策兰的两位维也纳朋友米洛·多尔和赖因哈德·费德曼[1]于1953年写成的侦探小说《国际地带》(Internationale Zone)；我们能在书中人物彼特·马尔古（Petre Margul）身上看到策兰的亲切形象，从小说中也可以看到，香烟走私、黑市交易以及其他一些恶劣的犯罪现象如何栖身于西方势力和苏维埃的权力争斗之间。书中讲述的是一位孤独的、总是处于经济困境、来自罗马尼亚的犹太逃亡者如何为了友谊而被卷入黑市交易，如何躲避危险的苏占区；他"徒劳""饥饿而绝望地"在这个城市里游荡，一心只想去巴黎，因为在那里，他才能获得诗人的身份。[2]

此处以隐晦的方式再现了好友当时的处境，这与策兰在维也纳的进退两难颇有几分相似。早年切尔诺维茨的幸福时光之后，策兰第一次重归德语环境，第一次生活在一个一直令他魂牵梦绕的城市。策兰的父母从未好好学习过马罗尼亚语，终其一生都将自己视为奥地利人；维也纳是所有切尔诺维茨人的梦想，是一个属于伟大音乐和伟大文学的城市，它属于霍夫曼斯塔尔和卡尔·克劳斯，属于西格蒙德·弗洛伊德和阿尔图尔·施尼茨勒[3]，属于其他那些精神上的英雄们——而他们大都是犹太人。很久以来，维也纳就有相当数量的犹太居民，他们之中的大多数已被同化，早已融入市民阶层；在

---

[1] 赖因哈德·费德曼（Reinhard Federmann, 1923—1976），奥地利作家、记者、出版人、翻译家、奥地利笔会秘书长，长于写作冒险、侦探及历史小说，常与米洛·多尔合作。

[2] ［参见 Internationale Zone (1953), Wien/Berlin, 1984, 页72及其他各处。］

[3] 阿尔图尔·施尼茨勒（Arthur Schnitzler, 1862—1931），奥地利小说家、剧作家，维也纳现代派文学的代表人物。

此之外，当然也有一些正统犹太教的东犹太"大袍子"，至少在世纪之交以来，这些"大袍子"就为那些愈来愈好战的反犹主义者们所诟病。1945年以后，反犹主义作为一种意识形态受到压制，但不久之后又重新"私有化"[1]地传播开来，1945到1948年间，约有十七万犹太"难民"暂居维也纳（策兰也是他们中的一员），这又重新唤起了当地人之前对假想特权者的嫉妒。和战后德国一样，在此时的维也纳甚至整个奥地利，"清结过去"几乎是不可能的。现在，在大德意志帝国的前国民中，策兰真切地体验到日常生活中的反犹主义。

不过在初到维也纳的日子里，也有让人振奋的经历。阿尔弗雷德·马尔古-施佩贝尔写信给维也纳诗人兼《计划》[2]杂志出版人奥托·巴西尔，盛赞策兰并建议这位同行出版他的诗歌作品。[3]对于马尔古-施佩贝尔的赞誉，巴西尔表示了特别的赞同——继特拉克尔之后，再没有诗人像策兰一样给他留下如此深刻的印象。这位受到表现主义和超现实主义影响、勇敢的反纳粹斗士巴西尔品位极高，这一点我们通过《计划》（1937年被禁前已出版三期，后又于1945年重新开始发行）就能看出：它已刊登过伊尔莎·艾兴格尔[4]、埃里

---

[1]　[Albrich，页180。]

[2]　《计划》（*Plan*）杂志的头三期出版于1937年，后终止出版，1945年重新面世，1948年又因经济问题最终停刊。该杂志的存在时间虽短，却是奥地利战后最重要的文学、文化杂志之一。杂志出版人奥托·巴西尔（Otto Basil，1901—1983）将《火炬》杂志的卡尔·克劳斯引为典范，通过《计划》向读者介绍了许多战时被纳粹查禁的艺术流派，其中也包括超现实主义。

[3]　[引自Basil（1971），页102。]

[4]　伊尔莎·艾兴格尔（Ilse Aichinger，1921—2016），具有一半犹太血统的奥地利作家、战后德语文学代表人物。

希·弗利特[1]和弗德里克·迈勒克[2]等新锐作家的作品。1948年2月，策兰的诗在《计划》杂志绚烂的文学氛围中登场了，选登诗篇数量之大（达17首之多），引人侧目。不过，受到1947年末货币改革的影响，这份曾经辉煌的杂志在此之后便不再发行。1948年2月2日，策兰在给布加勒斯特的马尔古-施佩贝尔的信里这样写道：

> 然后停滞就出现了，钟就停在那里，那是一只劣质的钟。它原本就没有数字，现在连指标也停了下来。拜望过几次巴西尔，有一些朋友、还有一些废话和讨论，这一切都引不起我的兴趣。除此之外，别无其他。

可是，几乎在同一时间，策兰自己又否认了这种"除此之外，别无其他"的状况。彼时，一名新的提携者正进入他的话题中心，那便是与巴西尔和《计划》走得颇近、来自萨尔州（Saarland）的超现实主义画家爱德格·热内[3]——"他成了我在此地的施佩贝尔——哦，当然要比您小一些！"[4]有时他甚至就住在热内在阿尔坦广场（Althanplatz）的工作室里。与策兰自己的悲观描述相反，这位年轻人在短短几周内便拥有了许多新朋友，还打入了超现实主义画家和文学家的维也纳圈子。这个圈子虽然很小，但充满活力，是纳粹统

---

[1] 埃里希·弗利特（Erich Fried, 1921—1988），具有犹太血统的奥地利诗人、作家、翻译家，莎士比亚作品的重要德语翻译者、"四七社"成员、战后德语政治诗的代表人物。
[2] 弗德里克·迈勒克（Friederike Mayröcker, 1924—2021），奥地利作家、奥地利战后最重要的女诗人之一。
[3] 爱德格·热内（Edgar Jené, 1904—1984），活跃于德、法语文化圈的超现实主义画家。
[4] [Margul-Sperber（1975），页50。]

治结束后新文化生活的焦点之一。1948年4月3日，策兰在阿伽松（Agathon）画廊的一次超现实主义展览中朗诵了一些超现实主义诗歌（其中也有他自己的作品）。然而，他与这个圈子的亲近一直有限；在写给施佩贝尔的一封信里，策兰——用与平时一样的调侃口吻——将自己描述成"超现实主义'教皇'热内手下最富影响力的（唯一的）红衣大主教"[1]。

> ［……］我想告诉您，保罗·策兰就是那个能够代表我们东西方风貌的诗人，是我半世以来翘首盼望的那个诗人。对他而言，这样的嘉许毫不夸张。［……］我个人认为，策兰的诗是唯一可以与卡夫卡的作品相媲美的诗歌。
>
> 马尔古-施佩贝尔致奥托·巴西的信

第一次崭露头角后不久，策兰几乎在同一时间再次露面于德语世界。马尔古-施佩贝尔不仅给维也纳的巴西尔写了信，他还致函苏黎世大名鼎鼎的《行动》（*Tat*）杂志副刊主编迈克思·里希纳[2]。1948年2月7日，此杂志刊登了策兰的七首诗，但同时也附上了一份不甚准确的作者生平。里希纳是一位有主见的杰出鉴赏家，策兰能找到他做自己的代言人，其间意义实属非凡。

1948年的维也纳文坛，已经出现了各种圈子和倾向。虽然一

1　［Margul-Sperber（1975），页50。］
2　迈克思·里希纳（Max Rychner，1897—1965），记者、作家，1939—1962年间任苏黎世《行动》杂志文化编辑并由此成为德语文化圈中最重要的文学评论家之一。

些著名流亡作家（如穆齐尔[1]、韦尔弗尔[2]、霍瓦特[3]、茨威格[4]、和恩斯特·魏斯[5]）已不在人世，另一些流亡作家（如布洛赫[6]、施佩贝尔、卡内蒂[7]，或年轻的埃里希·弗利特以及简·艾默瑞[8]）尚未归来，但这里已经出现了生机盎然、多姿多彩的文学生活。在长达数年的时间里，策兰曾经的同学阿尔弗雷德·贡也是其中一员。他们俩都于1920年出生在切尔诺维茨。1941年，贡的父母被俄国人划为"布尔乔亚"，被流放至西伯利亚。贡自己［1949年前他的名字叫阿尔弗雷德·利夸尼克（Alfred Liquornik）］则被罗马尼亚人送进了德涅斯特河东岸地区。1942年底左右，他逃离集中营，来到布加勒斯特，并一直在此过着拮据的生活。后来他先策兰一年潜逃至维也纳。在维也纳期间，他当过记者、家庭教师和戏剧顾问，1951年又从那

---

1 穆齐尔（Robert Musil，1880—1942），奥地利作家、戏剧评论家，1938年流亡瑞士苏黎世，后迁居日内瓦并终老于此地。
2 韦尔弗尔（Franz Werfel，1890—1945），奥地利作家，1938年流亡法国，后几经转折最终前往美国并终老于此。
3 霍瓦特（Edmund Josef von Horvth，1901—1938），奥地利-匈牙利作家，出生于克罗地亚，1913年随父迁居慕尼黑并开始学习德语，1920年开始写作，1933年为逃避纳粹政府离开德国，迁居奥地利，1938年奥地利被德国吞并后又流亡布达佩斯等地，1938年6月1日，因在暴风雨中被树枝砸中而毙命于巴黎。
4 茨威格（Stefan Zweig，1881—1942），奥地利作家，1934年流亡伦敦，1940年转居巴西，1942年与妻子双双自杀于巴西里约热内卢附近的派特波利斯（Petrópolis）。
5 恩斯特·魏斯（Ernst Weiß，1882—1940），奥地利作家、医生，1934年流亡巴黎。1940年德军进驻巴黎，作家在旅馆房间里割腕服毒自杀。
6 布洛赫（Hermann Broch，1886—1951），奥地利作家，1938年德国吞并奥地利后曾被短期拘禁，后流亡美国，1951年在美国去世。
7 卡内蒂（Elias Canetti，1905—1994），出生于保加利亚的德语作家，1981年诺贝尔文学奖得主，1912年父亲去世后随母迁居维也纳并开始学习德语，1938年德国吞并奥地利后流亡巴黎，次年移民伦敦，1972年转居苏黎世并终老于此。
8 简·艾默瑞（Jean Amry，1912—1978），奥地利作家，1938年离开维也纳，流亡比利时，1940年被送往法国南部的集中营，1941年成功出逃后参与了反纳粹的抵抗活动。战后，作家仍留居比利时的布鲁塞尔。1978年，在奥地利萨尔茨堡（Salzburg）一家旅馆里自杀身亡。

里移居纽约。贡与策兰在布加勒斯特就已见过面，现在又重逢于维也纳；这显然是场意外的重逢。贡也写诗。他带来了160多首诗交给策兰阅读，后者在他的要求下对其诗歌进行了认真的修改。策兰给出的修改意见很多，不过明显可以看出，诗人有意将自己的修改限定于表达方式的调整，或韵律上的协调。今天，这批1941到1945年间出自贡之手的手稿，以及手稿中大量的策兰的修改意见已成为重要的文献资料。由这些资料也可看出，在来自布科维纳的同辈诗人中，这位后来在美国出版过两册诗集《草和 Ω》(*Gras und Omega*)和《宣言 α》(*Manifest Alpha*)的阿尔弗雷德·贡，是除策兰以外，最有才华、最具魅力的一位；和魏斯葛拉斯的作品一样，他的诗受到海涅的影响，但它们又比魏斯葛拉斯的作品更为激进，它们完全是嘲弄的、讥讽的，充满了"像乌鸦一般的黑色幽默"。不过，在策兰离开维也纳之后，两位诗人就失去了联系。[1]

没有确切的证据能够证明策兰在维也纳的半年里，是否重新见到了年轻时的好友埃里希·艾因霍恩。正如我们曾经说过的那样，艾因霍恩于1941年去了苏联。1944年7月1日，他曾从基辅写信给策兰。艾因霍恩先是继续在大学里学习，后来作为红军一员，在柏林朱可夫（Shukow）元帅的总参谋部里充任翻译。现在，我们已无法确切知晓艾因霍恩（逝世于1974年）所说的和策兰的碰面，具体发生在何时何地。至少，我们在艾因霍恩的遗物中找到了所谓"1944年打字稿"的珍贵样本，以及刊有策兰诗歌的《计划》杂志；前者只可能是他在维也纳时直接从朋友手中得到的。说来也许有些

---

[1] ［参见 Alfred Gong: *Early Poems. A Selection from the Years 1941—1945*. Hg. v. Jerry Flenn u. a. Columbia/ S. C.（附有策兰对这些诗歌的修改建议），特别参见页13—24。］

荒谬，但根据当时的时局，我们可以想见，如果他们真的曾经相逢，这样的会面一定也是偷偷摸摸的：艾因霍恩是苏维埃官员、机要人士，而策兰则是由当时的苏联领土而来的逃亡者。[1]

下面，我们还是回到文学生活。在维也纳，不仅有围绕在巴西尔和热内周围、聚在"超现实主义黑红大旗"下的极前卫小团体，也有纲领不那么明确的新生文学，它的导师和支持者是汉斯·魏格尔（Hans Weigel）。魏格尔生于1908年，1945年从流亡地瑞士归来。他很快就认识到年轻一代的巨大才华，其中尤为出众的是于1947年末出版长篇小说《更大的希望》（*Die größere Hoffnung*）的伊尔莎·艾兴格尔，以及英格伯格·巴赫曼。魏格尔几乎每天（到了20世纪50年代早期变得更为频繁）都会在莱蒙德（Raimund）咖啡馆和他的那些年轻门徒碰面，阅读、赞扬或是批判他们的文章，并协助他们作品的出版事宜。经常出入于这个圈子的还有其他两位（均出生于1923年的）作家：他们是因反纳粹而遭严刑拷打［其第一部小说《休假的死者》（*Tote auf Urlaub*）讲的就是这件事］、原籍塞尔维亚的米洛·多尔，以及家人沦为纳粹牺牲品、本人深受命运重负的赖因哈德·费德曼。[2]在维也纳的半年时间里，策兰和他们结下了真挚的友谊。多尔对维也纳期间和策兰相处情况的一段回忆，正说明了当时的氛围："对于纳粹和共产主义分子，我们都抱着相

---

1 ［参见 Einhorn（1998），特别参见前言部分，页11。］
2 ［参见 Dor（1988）。］赖因哈德·费德曼的父亲原本在州高级法院工作，德军进驻奥地利后，因其犹太人身份而失去工作。赖因哈德及其兄在高中毕业后被征召入伍。赖因哈德的哥哥在战争中失去一条腿，他本人被苏军俘虏后，被军方报为失踪，其弟因不愿加入党卫军而计划逃亡瑞士，行动失败后被囚，其母在战争结束前一年去世。绝望的父亲最终选择死亡，于1944年冬投多瑙河自尽。战后，身负战争之痛的三兄弟选择了不同的面对方式：哥哥遁入宗教，弟弟因失望于人际的冷漠，且对父亲的死一直心存内疚，最后也如父亲一样选择自杀，赖因哈德本人则选择文字书写的道路。

同的观点，我们不再有幻想，但仍为自己保有一些希望，否则，我们将无法继续活下去。"[1]

在汉斯·魏格尔的圈子里，策兰碰见——也许是在1948年1月20日[2]——那个后来成为他伟大爱人的女人：英格柏格·巴赫曼。她比策兰小六岁，在策兰到来时已经在维也纳学习了一年多哲学，后来以《对马丁·海德格尔存在主义哲学的批判接受》为题撰写博士论文，并于1950年3月凭着这篇论文获得哲学博士学位。在文学方面，她也颇有抱负，不过这体现于非诗体文字的写作计划[也就是后来几乎被她自己全盘否定的小说《无名的城市》（*Stadt ohne Namen*）]，而非诗歌写作。这段时间里，英格柏格·巴赫曼和比她年长许多的汉斯·魏格尔生活在一起。可是年轻人间的相互吸引是如此强烈，在新的爱情面前，旧爱迅速褪去颜色。魏格尔在他1951的作品《影射小说》（*Schlüsselroman*）和《未完成交响曲》（*Unvollendete Symphonie*）中公布了他自己对这段"三角关系"（按照他自己的说法）的看法[3]。而由于无法看到巴赫曼和策兰之间曾有的大量书信往来，这两位离群索居的作家又小心翼翼地严守自己的心灵机密，所以隐藏在他们相遇背后的秘密让人无从知晓。不过，我们还是能够从诗学上觅得见证——两人的诗歌和巴赫曼的文章，它们展示了这段情感经验的丰富性和其间令人心痛的矛盾，使人难以忘怀。这是借助文学而进行的通信，有交流，亦有

---

1 [同上，页209。]
2 [参见Lütz（1996）。按照一种说法，策兰与巴赫曼首次相遇于热内的工作室。另一版本则将第一次的相遇地点说成国际劳工局（Internationales Arbeitsamt）。]
3 [参见 *Unvollendete Symphonie*（1951），Graz/Wien/Köln，1992，页175及下文。最近，公布了70多封1948—1953年间巴赫曼写给魏格尔的信。在这些书信中，策兰也占有一席之地。参见1998年8月14日的 *Die Presse*（维也纳）。]

交锋；它们开始于1948年，超越了策兰的死亡，一直延续到1973年，巴赫曼生命的最后一年。在引用这些证据之前，需要特别声明，不可将此类文章混淆为严格的传记文字。但是，依两位作家自己的看法，"文学虚构和生平传记间又有着丝丝缕缕无法截然分割的关系"[1]。在巴赫曼晚期的一篇短篇小说《去湖边的三条路》(*Drei Wege zum See*)中，一位名叫特罗塔（Trotta）的男子和年轻女子伊莉莎白（Elisabeth）相遇：

> 最初的日子里，她寻觅和逃避着特罗塔，他也寻觅和逃避着她。那段时光是她少女时代的终结，是她伟大爱情的开端，[……]同时也是最不可思议、最艰难的岁月，被误解、争执、自说自话、猜忌所困扰，但他至少在她身上留下了印记，[……]因为他，由于他的出身的缘故，她意识到了很多东西，因为他，一个真正的流亡中人、一个无望的人，使她，一位冒险家，一位真正知道为了自己的生活要从这个世界得到些什么的人，变成了一位流亡者，因为他，在他死后，才慢慢裹挟着她同自己一起走向毁灭，因为他使她远离那些奇迹，并使她认识到，异乡即宿命。[2]

我们应该知道，"伊莉莎白"不是巴赫曼，"特罗塔"也不是策兰，此外也要小心其间"二十多年"（引自同一段）的距离。这段小说

---

1 ［克利斯蒂·科舍尔（Christine Koschel）：《玛利娜》是对诗歌的唯一影射。"见 Böschenstein/Weigel（1997），页 19。］
2 ［参见 Bachmann：*Werke 2*, München/Zürich, 1978，页 415—416。］

向我们说明了此处所言的这种两难爱情的本质。英格柏格·巴赫曼不是犹太人,由于"德奥联手"[1],在 12 到 19 岁间,她更是大德意志帝国的国民。维也纳的经历,当然也有她和策兰的相遇,使她彻底意识到,纳粹当政的时代在本质上是世界史上最大规模的集体杀戮,是对犹太人的屠杀;所以她和策兰的相遇,和这位"真正的流亡中人、一个无望的人"的遭遇,从一开始就潜藏着生疏,这生疏又很容易转化为疏离。

由诗歌《在埃及》(*In Ägypten*;Ⅰ,46),我们也能看到,策兰也察觉到了这其间的关联。该诗作于 1949 年初。1952 年诗集《罂粟与记忆》(*Mohn und Gedächtnis*)出版时,策兰曾赠送给巴赫曼一册;赠书中,《在埃及》与其他 22 首诗一同都被加上了"f. D."(献给你)的标注。[2] 诗中,这位与自己达成对话——"你要向着陌生人的眼睛说话:你就是水"——并模仿十诫的形式写下九大诫命的人,以犹太人的身份待在埃及,按照《圣经》的说法,即待在陌生之地,待在陌生人中。同样的说法也适用于爱情。在策兰与巴赫曼的现实交往中,这种"陌生爱情"的危险始终存在。除了他们个体间的相互吸引,两者对于德语文学语言和奥匈王朝文化传统还有着令人欣喜的共同热情,对于纳粹统治及其罪行,他们也怀着同样的仇恨态度。与此同时,出身和经历上的截然不同,又将他们永远分离:一边是被有时过于强大的负罪感所困扰的犹太人,一边是德意志-奥地利公民——虽然当时年轻的她对这一身份毫无觉察。不过他们的相遇,还是成了众多伟大爱情诗的灵感来源。

---

1 原文为"Anschluß",该词本义为"联合、结合、结为好友",在此特指纳粹德国 1938 年对奥地利的吞并。
2 [Koschel(参见页 92 注 1),页 17 及 22。《她梳着她的发》(*Sie kämmt ihr Haar*)一诗标有"u. f. D."(并献给你)字样。]

英格柏格·巴赫曼，1952 年。

策兰的诗歌作品不仅存在于有关死亡和死亡愿望的符号中，它也存在于情爱的符号间——1955 年献给妻子吉赛尔·策兰-莱斯特朗热（Giséle Celan-Lestrange）的诗集《从门槛到门槛》（*Von Schwelle zu Schwelle*）也可为证。[1] 写于 1948 年的《花冠》（*Corona*）是此类诗歌的典范之作。在结构经过特别安排的诗集《罂粟与记忆》（1952）中，该诗被放在两曲亡灵和声——具有强烈挑衅与渎神色彩的《晚来深沉》（*Spät und tief*）与（较早写成的）《死亡赋格》——之间。

花冠

秋从我的手上食它的叶：我们是朋友。
我们将时间从坚果中剥出并教它行走：
时间重又回到壳中。

---

1 ［参见 Bevilacqua（1998）。］

镜中是礼拜日,

梦中沉睡,

嘴吐出真言。

我的眼向下落到爱人的性器上:

我们相互端详,

我们说着黑暗的话,

我们相爱如罂粟与记忆,

我们睡了像酒在贝壳里,

像海,沐浴在月亮的血色光芒里。

我们相拥在窗中,他们从街上望着我们:

是让人知道的时候了!

是石头终要开花的时候了,

是心儿不安跳动的时候了。

是即将是时候的时候了。

是时候了。(Ⅰ,37)

从《圣经》到里尔克到著名诗篇《秋日》(*Herbsttag*),这种"是时候了"的昭告有着悠久的传统,它们大都与对主的祈求联系在一起。不过,此处没有类似的祈求,这里有的是爱的行为,是一场已实现的爱情,"如罂粟与记忆",沿着神秘的道路而下,将令人迷醉的遗忘与对死者坚定不移的怀念联系在一起,不顾死亡的恐怖,以此使"是时候了"这一乌托邦的一刻成为现实。迷人的超现实画面（如"石头终要开花"）用语言将这一刻摄下。其他一些诗，如《影中妇人之歌》(*Chanson einer Dame im Schatten*)、《夜光》(*Nachtstrahl*)、《远颂》(*Lob der Ferne*)、《整个生命》(*Das ganze Leben*)、《在旅途中》(*Auf Reisen*)、《火印》(*Brandmahl*)、《结晶》(*Kristall*) 或《安静！》(*Stille!*)（其中一些写于 1948 到 1949 年的巴黎），也以类似方式唤起了这神秘的一刻。此处，那些超现实主义的画面的生成方式无可仿效，它们完完全全是策兰所独有的。

策兰虽然后来迁居巴黎，但在长达十多年的时间里，他与巴赫曼的交往对双方而言依然有着非凡的意义，直到 1961 年二人才终止通信。然而，对这段伟大爱情的回忆一直还是强大的。巴赫曼未完成的长篇小说《玛利娜》(*Malina*)，以一种感人至深的方式为此做出印证。她自己将这部小说称为"虚构的自传"[1]，收录于其间的一个短篇《卡格兰公主的秘密》(*Die Geheimnisse der Prinzessin von Kagran*)，完成于 1970 年策兰去世前，后来又做了大幅修改。改写后，两千多年前美丽的公主和"黑衣陌生人"的邂逅一直延续到男子死亡。公主和这位陌生人有过两次邂逅，"他黑色温暖的眸子里闪着笑意，向下凝视着她"并"将她从近乎死亡的睡眠中唤醒"。诚挚的对话还有可能——"公主和陌生人开始交谈，就像自古以来那样，当其中一个说话的时候，另一个就微笑着。他们说着一些明白的或是隐讳的话"。第二次相遇时，那个陌生人仍无法陪伴她，因为他必须返回他的族群，"它比世上一切族群更为古老，[……]它消散在一切风中"[2]。之后，"陌生人的梦"又继续这个"传说"并将它引向可怖的结局。第三次，这个女性形象（现在不再是公主，而是讲

---

1 ［Bachmann，页 153。］
2 ［Bachmann：*Werke 3*，München/Zürich，1978，页 68—69。］

述者本人）又遇见了陌生人，大家一起等待着被遣往集中营。在一次诚挚而亲切的交谈后，便是新的，也是最终的分别。讲述者（曾经以卡格兰公主的身份出现）梦见了爱人的流放，他被装在货车里穿越多瑙河——以及他的死：

> 我的生命终结了，因为他在流放中溺死在河里，他是我的生命。我爱他甚于我的生命。[1]

"他在流放中溺死在河里"这句简短的话，是1945年后德国文学中的重要句子之一。这个被时代恐怖烙下印记的人，他的身世被浓缩为一句话。它告诉我们，是对犹太人的流放和杀戮，在二十五年后导致了他的死亡。从梦境讲述的层面看来，这句话——流放者的队伍越过多瑙河——是说得通的，然而它更深层的真意却存于另一层面：溺死只是死亡的方式，对犹太人的集体杀戮以及由此而产生的幸存者之疚，才是死亡的缘起。在小说的这一部分，多处引用了策兰献给巴赫曼的诗（如《花冠》和《安静!》），这让我们觉得一切有关"陌生人"的场景都暗指策兰。[2] 早在诗集《延迟的时光》(*Die gestundete Zeit*, 1953）的几首诗里，女作家就第一次对策兰的诗句做出了应答，如《道出晦暗》(*Dunkles zu sagen*)和《巴黎》(*Paris*)。所有这些文本交织在一起，形成了一种严肃而缜密的跨文本游戏，别有深意地留存下两位作家的交往。

保罗·策兰第一部独立成书的出版物并非诗集，而是一篇配有

---

[1] ［同上，页195。］
[2] ［巴赫曼自言："《玛利娜》是对诗歌的唯一影射。"1981年后又出现了许多相关证据。］

三十幅超现实主义石版画（出自画家朋友爱德格·热内之手）的非诗体文字的书。1948年8月，作家离开维也纳以后，他的《爱德格·热内与梦中之梦》出版。这本小册子是一部纲领式的宣言，策兰在这里正式宣判理性的王水[1]和被神圣化的理智不是诗的源泉，由此二者不能生成新而纯粹的东西，新而纯粹的东西存于灵魂的深海；逆着第三帝国终结时遗留下来的千年重负，逆着被烧尽的意义赋予，作者进行了一种特别创造，这创造：

> 源自精神中最遥远的区域，图像与手势，如梦如幻，相互掩映，相互阐明，[……]在那里，陌生的与最陌生的相结合。

他的心现在感受到——作家继续写道——"在那里，萦绕于我脑际的是新的、持续不停的自由运动的规则，是那自由的体验。"（Ⅲ，155—161）。

一个月之后，维也纳的一家小出版社塞克斯尔（A.Sexl）出版了策兰的第一部诗集《骨灰瓮之沙》（*Der Sand aus den Urnen*）。诗集印数五百册，收录了从1940年代初到1948年这段时间里的四十八首诗（其中也包括《死亡赋格》），完全契合上面那段受到超现实主义启发而作的宣言。然而对策兰的写作生涯而言，这次出版毫无影响可言。身在巴黎的诗人发电报通知出版社，令其销毁这批书。他对书中存在的大量印刷错误大为恼火，它们在不同程度上歪曲了作者的意图。策兰还收回了附在书中的两幅热内石版画的使用

---

[1] 硝酸与盐酸的混合物，具有极强的腐蚀性。

许可。最终，也许就在短短几个月的时间里，诗集的整个构想也让他觉得颇为不妥。于是，虽然在1948年已有两部作品出版，这位第二次世界大战后最重要的诗人，在之后长达四年的时间里，却仍旧默默无闻。不过，对于要成为一名德语诗人的人生计划，他却已不再犹豫。1948年8月，他从巴黎写信给以色列的亲戚：

> 你们看到了，我试图告诉你们，在这世上没有什么可以让一位诗人放弃写作，即使他是一名犹太人，而他诗歌的语言是德语。[1]

离开维也纳前不久，策兰通过英格柏格·巴赫曼的介绍，结识比他小七岁的年轻未来艺术史家兼诗人克劳斯·德穆斯[2]，和后来成为德穆斯妻子的安娜（纳尼）·迈尔［Anna（Nani）Meier］。他们后来成为他生命中最亲密的朋友之一，但即使是友情，也无法将策兰留在维也纳。"我在陌生人前唱歌"，作于这一时期的一首诗里如是写道。在余下的生命时光里，他定居在一个全新的、仍旧陌生的语言环境——巴黎。

---

1 ［Rosenthal（1983），页403。］
2 克劳斯·德穆斯（Klaus Demus，1927—），奥地利艺术史家、诗人。

巴黎 I

第五章

从"美的诗"到"灰色的语言"

巴黎 1948—1958

第六章

"我是那个不存在的人"

德国的，犹太的，俄国的 1958—1963

第五章 从"美的诗"到"灰色的语言"
巴黎 1948—1958

在巴黎生活了三个季度后,保罗·策兰于1949年3月3日写信给苏黎世的迈克思·里希纳:

> 我在这里很孤独,在这个奇妙的城市里,我不知所措,除了法国梧桐树上的叶子,我在此地一无所有。然而,我坚信[……]在我的孤独中,或者正是借着我的孤独,我听到了一些东西,这是那些才刚发现特拉克尔或卡夫卡的人未曾听闻过的。[1]

这里出现了一些重要的关键字,它们反映了策兰在巴黎的生活与写作状况,也预言了1952年后,作家与作品在联邦德国所遭遇的误读。初抵巴黎,诸事不易,策兰回想着在布加勒斯特度过的时光,才发现那些日子还算不得流亡。那时他还有许多朋友,周围的环境并不陌生,第一份用以谋生的工作也颇为合意。之后的维也纳生活,

---

[1] [引自Allemann(1993),页287。]

大概才可以被视为半流亡：他不是奥地利公民，找不到合适的工作，经济上常显得窘迫，虽然有一些亲密的朋友和熟人，最后也确实进入文学圈，可是在那个城市处处都能感到纳粹的历史，它们已成为现实的一部分。现在，策兰移居巴黎，最后的迁居终于使他陷入了真正意义上的终极流亡。

避居异乡，其实是一种逃离，逃离德国，逃离德国人，逃离由说德语者构成的那种挥之不去的氛围。现在，在巴黎，他第一次变得什么都不是：没有国籍，没有财产，没有工作，没有姓名。好多年后，他才重新在这些方面获得认可。1938到1939年间，策兰曾前往学院路，拜访住在那里的舅舅布努诺·施拉格（他后来也被奥斯维辛的毒气夺去了性命）。学院路与索邦大学（Sorbonne）离得很近，策兰就住在这条街上，栖身于简陋的奥尔良旅馆（Hôtel d'Orléans）。直到1953年，这个小旅店一直是作家的栖身之所。虽然还有一位远房

> 策兰在巴黎的居所：
> 1948—1953年 奥尔良旅店［后更名为苏利旅馆（Hôtel de Sully）］，第5区学院路31号，索邦大学附近
> 1953—1955年 16区洛塔路5号
> 1955—1957年 16区蒙德维的亚路29号乙
> 1957—1967年 16区隆尚路78号
> 1967—1969年 第5区杜纳福尔路24号
> 1969—1970年 15区左拉大道6号

阿姨希尔德·埃尔利希（Hilde Ehrlich）[1]，但从根本上说，身处巴黎的策兰形单影只。所以忧心忡忡的迈克思·里希纳才不无道理地希望，这个城市"不要太过严苛地"对待这位年轻作家[2]。

1950年左右的巴黎知识分子圈和艺术圈多姿多彩，瓦尔特·本

---

1 ［参见Silbermann（1993），页42。］
2 ［引自Allemann（1993），页287。］

雅明称它为"19世纪之都"。从海涅到贝克特[1]，这座城市长期以来就是那些自愿或非自愿流亡者的圣地。里尔克在这里写下了对策兰而言意义非凡的《布里格手记》(*Die Aufzeichnungen des Malte Laurids Brigge*)；超现实主义者布勒东、阿拉贡和艾吕雅，画家毕加索、恩斯特[2]、布朗库西[3]，以及存在主义思想家加缪和萨特（Jean-Paul Sartre）也生活在此；这里甚至有一个颇具影响力的罗马尼亚人圈子，圈中最重要的领袖人物是崔斯坦·查拉、尤内斯库[4]、米尔恰·伊利亚德[5]以及后来的萧沆[6]；亨利·米肖[7]和勒内·夏尔[8]（有时）也在巴黎生活和写作。他们中的有些人，后来对策兰产生了重大影响，策兰翻译了他们的作品，也与他们结下亲密友谊；然而那都是他移居巴黎比较久之后的事情了。

从1948到1952年的这段日子里，策兰经历了——借用布莱希

---

1 贝克特（Samuel Beckett, 1906—1989），爱尔兰作家，1969年获诺贝尔文学奖。其剧作从内容到形式都表现出强烈的反传统性。成名作《等待多戈》也是战后法国舞台上最叫座的戏目之一。
2 恩斯特（Max Ernst, 1891—1976），德国画家、雕塑家、拼贴艺术家，超现实主义的创始人之一。
3 布朗库西（Constantin Brancusi, 1876—1957），罗马尼亚人，20世纪现代雕塑的先驱。
4 尤内斯库（Eugène Ionesco, 1909—1994），荒诞派剧作家，生于罗马尼亚，1940年移居法国，1970年当选为法兰西学院院士。关于他的作品评价褒贬不一，是法国乃至当代西方剧坛最具争议的剧作家，也是"荒诞剧场"的奠基人。
5 米尔恰·伊利亚德（Mircea Eliade, 1907—1986），罗马尼亚人，西方著名宗教史家，战后在包括法国在内的许多欧洲国家的大学内任教，1956年移居美国。
6 萧沆（Émile Michel Cioran, 1911—1995），罗马尼亚作家、哲学家，1937年移居法国。
7 亨利·米肖（Henri Michaux, 1899—1984），法语诗人、画家，生于比利时，1924年移居巴黎。他借助东方神秘主义与迷幻药进行颠覆性写作，其诗歌直接呈现个体的潜意识与神话原型，语言不再是表达或修饰的工具，而成为映射另一种维度存在的镜子。
8 勒内·夏尔（René Char, 1907—1987），法国诗人，20世纪重要的欧洲作家之一。

策兰翻译的乔治·西默农的《梅格雷在学校》(*Maigret à l'école*，德译名为《梅格雷与可怕的孩子们》)，第一版，基彭霍伊尔-维驰出版社，科隆-柏林，1955年。封面：维尔纳·拉贝（Werner Labbé）。

特（Bertolt Brecht）所创造的说法——"平川上的不易"[1]。在汉斯·魏格尔出版的《现代之声1951》(*Stimmen der Gegenwart 1951*) 中，收录了策兰的几首诗，并附有一段有关其生平的简短介绍："他以当工厂工人、口译员和笔译维生，艰难度日。"[2] 在巴黎生活期间，他的第一份（为了谋生的）文学翻译工作是让·科克托[3]的《金色帘幕》(*Der goldene Vorhang*, 1949)，后来他又翻译了许多其他作品。1953到1955年间，因为经济上的缘故，策兰还翻译了乔治·西默农[4]的两部侦探小说《梅格雷搞错了》(*Hier irrt Maigret*)、《梅格雷与可怕的孩子们》(*Maigret und die schrecklichen Kinder*)。但这次西默农作品的翻译工作未能得到基彭霍伊尔-维驰出版社（Kiepenheuer & Witsch Verlag）的好评。出版前，策兰为自

---

1 布莱希特在谈到法西斯统治结束后民主德国所面临的状况时说："我们已将山川的不易抛到了身后，摆在我们面前的是平川上的不易。"

2 [*Stimmen der Gegenwart*, Wien, 1951，页168。]

3 让·科克托（Jean Cocteau，1889—1963），法国诗人、小说家、导演、画家、剧作家、音乐评论家，同性恋者和瘾君子，法国文化圈的传奇人物。

4 乔治·西默农（Georges Simenon，1903—1989），比利时法语作家，发表过大量的犯罪心理分析小说和侦探小说，以写梅格雷探案而闻名于世。

己辩解：那平庸的原著根本无法给他灵感[1]。在这些翻译工作之外，策兰还做过德语和法语家教，最初的那段日子里，这位没有国籍的人就是这样聊以维生。后来，他很高兴一切终于过去。从一开始，他就一直待在拉丁区的大学圈中。大约在1948年秋，策兰注册入学，成为一名大学生。这一次主修的是日耳曼文学和普通语言学。耽搁了四年之后（上一次在大学就读是1944到1945年间），策兰终于能够再次全身心投入语言和文学研究。1950年7月，他获得文学学士学位（Licenceès-Lettres），圆满完成学业。后来又提交了一篇有关卡夫卡的硕士论文，学籍则一直保留到1953年。

可是，策兰的本意是成为一名作家，一名为公众所认可的作家。在这方面，他却没有像样的进展。维也纳的两次亮相似乎都未能引起太大反响，1949到1950年间发表的新作也少得可怜：《转变》[2]杂志刊发了几篇诗作；苏黎世里希纳的《行动》登载了箴言集《逆光》

1950年出版的《超现实主义读物》第一期。出版人：爱德格·热内、马克斯·霍尔茨，克拉根福出版社的约瑟夫·海德（Josef Haid），卷首画是爱德格·热内的作品。

---

1 ［*Fremde Nähe*，页245。］
2 《转变》（*Die Wandlung*）：1945—1949年间出版于海德堡的月刊型杂志，出版人中有语言学家、政治学家、小说家和文化社会学家，刊物强调精神上的革新、责任、自由和人本主义，希望能从精神上指引"二战"后西方占领区的德国人。

(*Gegenlicht*)；在漂亮的小册子《超现实主义读物》(*Surrealistische Publikationen*)上也收录了作家自己的诗歌和他翻译的布勒东、埃梅·赛泽尔[1]以及其他一些人的文章——如此而已。此外，新写成的诗歌作品也不多。在巴黎最初的艰难日子令人沮丧。而后，大约在1949年末，这位年轻的作家被卷入了一段文学和人际关系上的纠纷。这件事对于他的整个人生而言非同小可，最后也给他造成了灾难性的后果：那便是与伊万·戈尔和克蕾尔·戈尔夫妇的相识。

在库尔特·品图斯[2]著名的表现主义诗歌集《人性的曙光》(*Menschheitsdämmerung*)中，戈尔这样介绍自己："伊万·戈尔没有家乡：命运使他成为犹太人，偶然使他出生在法国，盖着印章的文书将他指为德国人。"[3] 1920年代以后，伊万·戈尔将法语作为自己创作的主要语言，后来在美国写作时他也使用过英语。来自斯特拉斯堡(Straßburg)的戈尔患有严重的白血病，从1949年10月始，他就在巴黎的美国医院接受治疗。11月6日，策兰带着马尔古-施佩贝尔的祝福来此拜访他，赠给他自己的第一部诗集《骨灰瓮之沙》。之后策兰每周都会来医院几次，大部分时候是和克劳斯·德穆斯（他于1949到1950年间在巴黎学习）一同前往。

1947年起，戈尔一面着手编撰收录20年代以来最优秀诗作的德语诗集[诗集在作家去世后由其妻克蕾尔出版，冠名为《梦之草》(*Traumkraut*)]，一面写作他的第二部德语组诗集《奈拉》(*Neila*,

---

[1] 埃梅·赛泽尔（Aimé Cesaire，1913—2008），马提尼克（Martinique）的法语作家、政治家，在1946年马提尼克变为法国外省的过程中有重大贡献，同时也是当代最著名的黑人作家之一。

[2] 库尔特·品图斯（Kurt Pinthus，1886—1975），德国作家、戏剧研究者、出版人、评论家。

[3] [*Menschheitsdämmerung*, Berlin, 1920, 页292。]

出版于 1954 年）。应伊万·戈尔之邀，策兰翻译了他的新诗集 *Élégie d'Ihpétonga suivi de Masques de cendre*[1] 中的几首诗。长者对译文非常满意，并表示策兰可以在他身后继续翻译工作。的确，他对策兰青睐有加，"Paul Celan, poète, habitant à Paris"[2] 成为他 1950 年 2 月 9 日最终遗嘱中提到的五个人之一，他甚至表示，"如果他的全权继承人，妻子克蕾尔·戈尔［……］在他之前或与他同时亡故，则授权策兰负责克蕾尔·戈尔与伊万·戈尔基金"[3]。

1950 年 2 月 27 日，伊万·戈尔因病去世，遗孀克蕾尔、策兰以及其他几位年轻诗人（如克劳斯·德穆斯）都沉浸在悲痛之中。出版《梦之草》时，克蕾尔·戈尔还在前言中赞誉这些"年轻的诗人们"，是他们在她丈夫生命的最后几个月里借给了他"他们自己的鲜血。是的，他们成群结队地来到这里，为了向死者提供最珍贵的救援"；伊万·戈尔的心脏使"红色的梦之花成熟了［……］，因为它享有十六位诗人的心血"[4]。其中的一位"血液捐献者"便是策兰。应遗孀之邀，策兰欣然接受了翻译戈尔诗歌的工作，但是没想到一连串的指控和非难由此开始，并于 1960 年达到极致。一开始，年轻的作家还无法预见以后发生的一切。后来，与戈尔夫妇结识的那一刻，成了策兰的诅咒对象。

1949 年左右，策兰第一次重返伦敦。首次认识这座城市，是在 1939 年的复活节。这一回，他又重新联系上了贝尔塔·安彻尔姑妈，还在这里结识了一批年轻的流亡诗人。这群诗人将来自

---

1 法语，意为"伊培通迦之哀歌，继以灰烬之面具"。
2 法语，意为"保罗·策兰，诗人，居于巴黎"。
3 ［*Fremde Nähe*，页 172。］
4 ［*Traumkraut*, Wiesbaden / München, 1982，页 7。］

布拉格的弗兰茨·贝尔曼·施坦纳[1]奉为精神领袖,并定期在埃里希·弗利特家相聚,一起朗诵作品,一起交谈;圈子里的成员还有汉斯·韦尔纳·科恩(Hans Werner Cohn)、汉斯·艾希纳(Hans Eichner)、乔治·拉普[2]和阿德勒(H. G. Adler)。作为最年轻的成员,米歇·汉布戈尔[3]有时也会参加他们的聚会。不过,这些诗人一直以沿袭古典-浪漫主义传统为主,策兰大为赞赏的弗兰茨·贝尔曼·施坦纳尤为如此。因而我们不知道这些伦敦诗坛上的同行,在多大程度上认识到了策兰诗歌的意义。不过至少有一个人看到了这一点,那便是小策兰半岁的埃里希·弗利特。弗利特的父亲在维也纳沦为纳粹的牺牲品,而他本人早在1938年就已尝到了流亡的滋味。1950年前后,他赋诗一首以赠策兰,名为《谁不会湮灭》(*Wer nicht ausgeht*)。这首诗见证了他对策兰个人及其已有作品的深刻理解。能达到弗利特这般见地的人并不多。1954年,他在伦敦BBC的德语节目中谈到了《罂粟与记忆》,并对此诗集做出了中肯的评价。策兰和弗利特经常见面,特别是在20世纪50年代早期,后来两人间的距离越来越大,以色列的六日战争[4]后更是如此。策兰对于这场战争持肯定态度,而弗利特则有所批判。后来,策兰去世后,弗利特写了一些诗献给策兰,或不时在诗作中对策

---

[1] 弗兰茨·贝尔曼·施坦纳(Franz Baermann Steiner,1909—1952),人种学者、诗人、布拉格德语文学界的最后一代人。

[2] 乔治·拉普(Georg[e] Rapp,1910—1988),作家,原名汉斯·君特·阿德勒(Hans Günter Adler),因对特莱希恩施塔特集中营(KZ Theresienstadt)的研究而闻名于世。

[3] 米歇·汉布戈尔(Michael Hamburger,1924—2007),诗人、散文家、文学评论家、翻译家,出生于德国,1933年随家人流亡伦敦,1943—1947年间服役于英国军队,后来成为自由作家,又长期任教于多所英美高等学校。

[4] 即第三次中东战争,发生在1967年6月5日,所以也叫"六五战争"。因为以色列"先发制人"地向阿拉伯国家开战,战争仅持续六天,是现代战争史上著名的以少胜多的"闪电战",以色列称之为"六日战争"。

兰的诗歌及其自杀行为进行探讨，这些都足以证明，策兰诗歌对弗利特的吸引始终存在。[1]

巴黎的朋友圈是逐渐形成的。1950年前后，在巴黎还没有可以和伦敦相媲美的、属于年轻诗人的德语圈子。而策兰身为一名生活在法国人中的说德语者，是陌生人中的陌生人，而且在很长一段时间里都是如此。当然有些"陌生人"与他走得很近。其中一个便是伊夫·博纳富瓦[2]，两人的亲密友谊一直延续到策兰去世。博纳富瓦回忆道：

> 他的笑容很温柔，虽然笑容下常隐藏着因伤痛记忆而产生的激动情绪。他的行为有些随兴，特别是在离开维也纳后的最初几年里——那段时光属于学院路的小屋，属于学生餐厅，属于那架键杆林立如希腊神庙廊柱的旧式打字机，属于窘困的生活。在热烈的彻夜长谈后，他陪着将要分别一日的朋友穿过夏日的街道，他的头优雅地向肩上侧去。[3]

1949年8月，策兰结识了学习音乐的年轻荷兰女大学生、未来的歌唱家迪特·克鲁斯（Diet Kloos），并滋生了一段短暂的爱情。她于1941年活跃于某个反抗组织。1944年底，她的新婚丈夫扬·克鲁斯（Jan Kloos）被盖世太保逮捕，几周后被处决。她本人被囚七周后终获释，成了20岁的寡妇。对纳粹的恨，将迪特·克鲁斯和

---

1 ［参见 Fried: *Ges.Werke*，卷1，Berlin，1993，页107—108及其他各处。］
2 伊夫·博纳富瓦（Yves Bonnefoy，1923—2016），法国诗人、翻译家、散文家，1944年曾与超现实主义者有过短暂交往。
3 ［Bonnefoy（1998），页260—261。］

保罗·策兰联系到一起，当然这感情也源于他们共同的艺术爱好。对于策兰朗诵和邮寄来的诗歌，迪特·克鲁斯的态度极为真诚。在写给女友的私人信件中，诗人也谈了许多，关于自身存在的困境、自己的无家可归、充满创伤的过往对他的现在所产生的影响。[1]

1950年秋，英格柏格·巴赫曼和策兰再次尝试继续他们在维也纳时就已举步维艰的感情。10月，巴赫曼迁居巴黎，却又于12月重返维也纳。他们希望共同生活的愿望大概未能实现。在给汉斯·魏格尔的一封信里，她这样写道："由于一些不明的、魔障般的原因，我们使对方感到窒息。"[2]

1951年11月，策兰遇到画家兼版画家吉赛尔·德·莱斯特朗热，自此，他一直深爱着她，直至生命尽头。这个女人无疑是他生命中最重要的人，正如他1951年给彼得·所罗门的一封信里所写的那样："un être vraiment exceptionel"[3]。但奇怪的是，她竟顶着"陌生人"的名号。对于这颇具象征意味的状况，诗人本人应该也十分清楚，他有时会满怀爱意地谈起他的"不寻常小姐"。莱斯特朗热不是犹太人，也不说德语，她出生于法国贵族家庭，接受的是严格的天主教教育。在德国占领期间，这个家庭一直表现得相当静默，并未想到参与抵抗运动。两个人的遭际在此相交，却有着如此巨大的差距。吉赛尔·德·莱斯特朗热是一位慎明、独立、不为偏见所左右的女性，也是一位天资极高、感觉敏锐的艺术家。这样便生发出一段情意绵绵、在艺术上相互启发的有益关系。它经历了1960年诽谤事件在精神上带给作家的巨大震动，最后又战胜了1967年的别离。

1　[参见Kloos（1993）。]
2　[引自1998年8月14日 *Die Presse*（维也纳）。]
3　法语，意为"一个十分特别的人"。[1957年7月18日写给Solomon的信（1981），页61。]

1952年夏，策兰带着"陌生人"与维也纳的朋友克劳斯·德穆斯和纳尼·迈尔在卡林西亚州（Kärnten）的米尔斯塔特湖（Millstädter See）边碰面；策兰似乎希望在做出重大决定时，也能够获得老友们的认可。同年12月23日，保罗·策兰和吉赛尔·德·莱斯特朗热在巴黎成婚。1953年10月，他

工作中的吉赛尔·德·莱斯特朗热。

们有了一个男孩，名叫弗朗索瓦。不过孩子在出生后不久便夭折了，诗《给弗朗索瓦的墓志铭》（*Grabschrift für François*）写的就是这次失子之痛。1955年6月，次子克劳德·弗朗索瓦·埃里克（Claude François Eric）出生；策兰借用了下落不明的友人埃里希·艾因霍恩和依旧在交往中的维也纳朋友克劳斯·德穆斯的名字，将它们作为孩子姓名的来源[1]。

1955年夏，多次徒劳无功的尝试之后，策兰终于加入了法国国籍，只是入籍时所用的名字还是"保罗·安彻尔"。这位"陌生人"终于成功构建了他作为公民的存在，并得以安享这一存在的美妙一面，其中最重要的便是他和小儿子埃里克的关系。所有认识策兰的人，都说他是个热情、慈爱的父亲。从1957年开始，策兰一家终于有了一所位于美丽的特洛卡代罗区（Trocadéro）的像样住

---

[1] 埃里克（Eric），源于古日耳曼语，其德语形式为埃里希（Erich）。

宅，而策兰也有了一间属于自己的房间。1962年，这家人在诺曼底（Normandie）的莫阿镇（Moisville）又有了一所旧农舍。他们常流连于此，在此地招待朋友。对策兰本人而言，穆瓦斯维勒是他避世写作的一处重要场所。

1952到1955年这段时间，不仅对策兰的私人存在至关重要，而且对作为作家的他也同样如此。1952年5月，在波罗的海边的尼恩多夫（Niendorf），策兰在"四七社"的聚会上有了一次具有纪念意义的亮相，这为他的作家身份奠定了基础，同时也以极具象征意味的方式宣布，对于德国读者而言，他从来就不是一位"普通的"写作者。这件事缘起于好友米洛·多尔的提议，他在1951年9月写给"四七社"领袖汉斯·韦尔纳·里希特[1]的一封信里提过此建议。后来，里希特在1952年4月的维也纳之行中，结识英格柏格·巴赫曼并邀请她前往尼恩多夫，后者又一次提出了与多尔一样的请求，希望里希特能邀约策兰参与聚会："一位巴黎的朋友，生活窘困，和她一样无名，但能写出比她更好的诗。"[2]

里希特果然向策兰发出邀请。1938年11月10日，策兰曾在那次难忘的旅行中途经纳粹时期的柏林，现在则是他第一次重返德国。反法西斯和左派世界观的神话光环笼罩着"四七社"，人们很容易由此断定，策兰在尼恩多夫的聚会一定洋溢着志同道合、诚挚信任的气息：老纳粹不许入场；年轻人自成一体，联合起来激烈反对希特勒政权与新生的联邦共和国中的复辟倾向。在这样的集体形象（其中只有少数几位女性）下，人们很容易忘记，最初应里希特之邀而

---

[1] 汉斯·韦尔纳·里希特（Hans Werner Richter, 1908—1993），德国作家，"四七社"的创建人和领导者。"二战"时曾在国防军中服役，后被美军俘虏。
[2] ［Richter（1997），页106。］

来的人几乎有着相同的背景，他们都曾在德国国防军中服役（而且，这段历史大都持续数年之久）。当了逃兵的阿尔弗雷德·安德施[1]曾意味深长地说："年轻一代坚持了错误的东西。但他们在坚持。"[2]对于这一论断，社中的大多数人大概都会表示认同。罗尔夫·施罗尔斯[3]曾多次见证社团的集会，也和策兰保持着深入的书信往来，按照他的说法，"社团的原初面貌"是"缺乏教养的朋党、粗俗的言谈、自成一体的称兄道弟，就像一群'远离了上司的一等兵'"[4]，策兰自己也对朋友赫曼·伦茨[5]谈起过"这些足球运动员"[6]。这个男人帮特有的集体记忆，确保了他们在自己和公众面前的合法地位。而他们的记忆源于另一个世界，一个与这位切尔诺维茨犹太人的世界完全不同的世界。于是在对待他的作品朗诵，特别是在对《死亡赋格》的反映上也就出现了不同的情形。瓦尔特·延斯回忆道：

> 策兰第一次登场时，有人说："这样的东西谁听得下去！"他的朗诵相当激昂，遭到我们的嘲笑。"他念诗的

---

1 阿尔弗雷德·安德施（Alfred Andersch，1914—1980），德国小说家、出版人、广播编辑，"四七社"的始创人之一。他曾于1941年被征召入伍，1944年在意大利前线脱逃。

2 ［引自 H.A.Neunzig（Hg.）: *Der Ruf*，München，1976，页24。］

3 罗尔夫·施罗尔斯（Rolf Schroers，1919—1981），德国作家，早期联邦国有关"二战"题材文学的代表，"四七社"成员，联邦国笔会会员，"二战"中任骑兵军官。

4 ［Schroers: *Gruppe 47 und die deutsche Nachkriegsliteratur*，见 *Merkur* 19（1965），页453。］

5 赫曼·伦茨（Hermann Lenz，1913—1998），德国作家，1951年曾在"四七社"朗诵自己的作品。"二战"时，他作为士兵参加过法、俄战场上的战争，后被美军俘虏。

6 ［Lenz，见 Hamacher（1988），页316。］

样子就像戈培尔[1]！"有人这么说。他被嘲笑了[……]《死亡赋格》是社里的一次失败之举！这是一个完全不同的世界，这些可以说和纲领同步成长的新写实主义者们无法理解这些。[2]

延斯特别强调了两者在审美取向和品位上的区别。这样的说法虽不无道理，然而最重要的差别其实还是他们在存在经验上的差异。差别在于，当谈到纳粹的过往时，大家希望或必需的回忆到底涵盖那些内容。在很长一段时间里，"四七社"成员对于犹太人的命运及其所遭遇到的集体屠杀避而不谈。当着策兰的面，他们将策兰的朗诵方式与戈培尔的朗诵方式作比，其间显示出何等昭然的冷酷。汉斯·韦尔纳·里希特不久之后的表现也好不了多少，他将此说成"如犹太教会堂中的[……]单调吟唱"（事后，他也曾表示歉意）。[3] 简言之，在尼恩多夫，这位犹太作家进入了"一个完全陌生，充满敌意的世界"。[4] 同时，这次令人伤心的亮相却又促成了策兰文学上的突破。以后，他还将频频感到类似的命运反讽：恩斯特·施纳贝尔[5] 邀他前往汉堡参加电台上的作品朗诵会；斯图加特德意志出版

---

1 戈培尔（Paul Joseph Goebbels，1897—1945），纳粹党宣传部部长、纳粹德国国民教育与宣传部部长，曾参与策划国会纵火案，纳粹倒台后携全家自杀身亡。
2 [引自 Richter（1997），页 128。在给 K. Demus 的一封信里，策兰自己也引述了这一记载。参见 Bevilacqua（1998），页 S.XXXVII 及下页。]
3 [参见 Dor（1988），页 214。]
4 [同上，页 212。1954 年、1957 年、1959 年、1960 年、1962 年，策兰也被邀参加"四七社"的集会，但他再也没有前往。]
5 恩斯特·施纳贝尔（Ernst Schnabel，1913—1986），德国作家、德语世界中广播专题节目与战后广播剧的创导者。

社[1]的主编威利·科赫（Willi A. Koch）许诺签约出版策兰的一册诗集。1952年秋，《罂粟与记忆》付梓。

策兰第一部正式出版的诗集，收录了从1944到1952年间的诗作。其中的早期作品写就于从切尔诺维茨到布加勒斯特的过渡期，而较晚的作品则完成于作家在巴黎生活多年之后。由此而言，这册分为四章的集子显示了某一发展过程中不同的美学阶段。在《骨灰瓮之沙》的第一部分《在门边》（*An den Toren*）中，诗歌的韵脚还完全占主导地位，到了《罂粟与记忆》，韵脚就显得需要商榷并几乎完全消失。一重二轻律的长诗行仍占有相当分量，但是短诗行的增多已使它的优势地位尽失。在题材上，诗集展示了存在于两大标题间的多重意义。作者在多首诗中一再描述了奥菲斯（Orpheus）[2]进入冥界的过程。对于这一过程，早在里尔克的《致奥菲斯的十四行诗》（*Sonette an Orpheus*）里就有所刻画：

> 只有那些同亡者一道食罂粟
> 食他们罂粟的人，
> 才不会使这最微弱的韵调
> 再度遗失[3]

只有"罂粟"，只有潜入梦境、迷醉和遗忘，才能使对死者的

---

1 德意志出版社（Deutsche Verlags-Anstalt）：创建于1881年，2000年将总部从斯图加特迁往慕尼黑。在该社出版书籍的作者名单中有多位德国总统、总理、诺贝尔奖得主、知名作家、文学评论家和历史政治学领域的学者。
2 希腊神话中的诗人和歌手。
3 ［Rilke：*Werke*，卷3，Leipzig，1978，页621。］

鲜活"纪念"（依据《路加福音》22章第19句来理解这个词[1]）成为可能。对被害母亲的纪念仍然至关重要，它是作家前往巴黎和去往各地的"旅伴"，而每首诗都是它的"被监护人"，受到它的"监护"（I, 66）。

不过，《罂粟与记忆》也是一部情诗集。在很多时候，被视为神圣的、仪式性的性爱，成为缅怀死者的纪念之所，譬如《忆法国》（*Erinnerung an Frankreich*）结尾处那句多义的诗行"我们亡去，能够呼吸"[2]。出于对被害犹太人无可抑止的哀悼，诗集用诗《数数杏仁》（*Zähle die Mandeln*，也是一首情诗）作结，作为代表着死去犹太人的符码，"杏仁"能用自己的苦，使此处的言说者保持清醒并助他获得归属感。

诗集的第二部分，由自成一体的《死亡赋格》构成。这首诗在《罂粟与记忆》的接受过程中一再受到关注，吸引了评论家和读者的目光。需要强调的是，此时还没有哪一部问世于1945年后的德语诗集，能像《罂粟与记忆》一样如此热烈地为文学圈所接纳。几乎所有懂诗的内行人都立即意识到，此诗集作者有着超常的天赋。但是，人们对策兰的诗歌，特别是对《死亡赋格》的解读方式并不让人感到欣慰（如果说在尼恩多夫表现出的抵触行为源于天生心理上有所保留，那么现在的情况则是同一心理的另外一面）：诗作被视为对奥斯维辛恐怖的"清结"和"克服"，人们能够——即使作为当事者的德国人也能够——融入其中，最终甚至能使诗歌阅读变为一种享

---

[1] 根据《路加福音》中的文字，耶稣在最后的晚餐上将葡萄汁和饼分与众门徒并对他们说："这是我的身体，为你们舍的，你们也应当如此行，为的是纪念我。"
[2] ［参见Bevilacqua（1998），页S.XL—XLIII。］

受。有几个例子大概可以作为佐证:海因茨·皮翁特克[1]说它是"纯的诗"和"奇妙的蒙太奇"[2];保罗·沙律克[3]认为,它终于"道出了不可言说之物"[4];汉斯·埃贡·霍尔图森[5]在《水星》(Merkur)上发表名为《五位年轻诗人》(Fünf junge Lyriker)的文章。他在文中指出,《死亡赋格》"逃离了历史血腥的恐怖之屋[……]以升华至纯诗的以太"。作家"将主题变得'轻松',以一种梦幻、超越现实、在某种程度上已经属于彼岸的语言使它得以超脱",从而"能够清结"他的主题[6]。这条始自50年代的接受路线一直未有中断,一直延续至60年代。在亚历山大·雷纳特-霍雷尼阿[7]那里,《死亡赋格》被赞誉为"近二十年来最崇高的德语诗",奥斯维辛事件由此"被纯化,甚至被神圣化"。[8]

我们要知道,所有这些评论家都将自己的评价视为一种褒奖,而丝毫没有意识到,他们使诗歌尽量远离罪恶现实,远离牺牲者历史的做法,其实是对诗歌的贬低,是对作者意图的歪曲。他们希望逃避确乎存在过的大屠杀事实,并由此推己及人,认为诗歌和诗歌作者也抱着同样的想法——强调并安享审美上的和谐。这样的做法,

---

1 海因茨·皮翁特克(Heinz Piontek,1925—2003),德国诗人、作家、翻译家、评论家,"二战"时曾在德国国防军中服役。

2 [*Welt und Wort* 8(1953),页200—201。]

3 保罗·沙律克(Paul Schallück,1922—1976),德国诗人、作家、剧作家、电视编剧,"四七社"成员,"一战"中受重伤。

4 [1953年4月25日 *Frankfurter Allgemeine Zeitung*。]

5 汉斯·埃贡·霍尔图森(Hans Egon Holthusen,1913—1997),德国诗人,曾任巴伐利亚艺术学会(Bayerische Akademie der Schönen Künste)主席,"二战"时加入党卫军。1960年,因有纳粹经历的他是评委会的一员,冯塔纳奖的获奖作家马沙·卡勒可(Mascha Kaleko)拒绝领奖。

6 [*Merkur* 8,(1954),页390。]

7 亚历山大·雷纳特-霍雷尼阿(Alexander Lernet-Holenia,1897—1976),奥地利诗人、作家、剧作家、翻译家,"二战"时被任命为德国陆军电影处戏剧总顾问。

8 [1965年4月39日 *Die Zeit*。]

无异于以另一种方式延续着对犹太人的排斥。如果《死亡赋格》所招致的大都是此类反映，如果它在并不热衷于回忆的经济奇迹期，能够赢得读者，那么，它到底是不是真的固有着这么一位"隐含读者"[1]，一位属意于此类恼人阅读方式的"隐含读者"？保罗·策兰必是——愈来愈惊恐地——觉察到这些问题。他从中吸取了教训，怀着沉重的心情，潜心锤炼自己的语言达数年之久。1958年12月2日，策兰在写给文学研究者让·菲尔格尔（Jean Firges）的信中言简意赅地表述（此时艰难的历程业已结束）："我无意于悦耳的声音，我想要的是真实。"[2] 1966年，他也在一次谈话中向雨果·胡佩特[3]坦言：

> 被说得太多的《死亡赋格》简直成了口水歌，我再也不会进行那样的合奏。我现在要将诗和音乐严格区分开来。[4]

1955年，他在《罂粟与记忆》问世三年后，又出版了《从门槛到门槛》。从艺术风格上看，之后这部诗集与《罂粟与记忆》还很相近，不过它已是策兰第一个诗歌创作阶段的尾声。诗集的题词上写着"献给吉赛尔"，特别是第一组诗《七朵玫瑰之后》（*Sieben Rosen später*），它们完全源于这段令人愉悦的新爱情体验。距离战争和大屠杀的结束已经七年——

---

1 隐含读者（impliziter Leser）：文学理论术语，指作者在创造之时所假想的对话者。它的存在影响着作家的立意、选材和表现手法，甚至起着对作家的重塑作用。
2 ［Firges（1962），页266。］
3 雨果·胡佩特（Hugo Huppert，1902—1982），奥地利诗人、作家、翻译家、评论家。
4 ［引自Hamacher（1988），页320。］

> 七个夜的时辰，七个守卫的年头：
> 舞弄着斧，
> 你是否躺在立身站起的尸体的阴影中 （I，89）

这些诗是少数几篇有关父亲的诗歌。主旋律仍是对死者的纪念，但作家同时也意识到他"生活在陌生人中"，与最艰难的陌生感做着斗争。自己已完成了"从门槛到门槛"的历程［用作诗集标题以前，在1947至1948年间的《影中妇人之歌》中就已出现这一说法］，并且至少暂时能够过上现在这种心之所向的生活。然而，在接下来的两组组诗里，充满创伤的过往再次突现。从那些与诗学有关的诗，如《在一盏烛火前》、《用变幻无常的钥匙》(Mit wechselndem Schlüssel)、《夜色里翘起》(Nächtlich geschürzt)、《不管掀起什么石》(Welchen der Steine du hebst)、《你也说》(Sprich auch du)、《来自沉默的见证》(Argumentum e silentio)、《以时间红的唇》(Mit zeitroten Lippen) 可以看出，经历了尼恩多夫和"热情洋溢的"赞誉之后，作家对自己的言说方式充满了怀疑。类似的诗句"一个词——你知道：/一具尸体"（I，125）或"不论你说出哪句话——/你都是在感激/朽[1]"（I，129）告诉我们，有时这样的情形让身处其间的策兰感到某种疑难。有时候，只有沉默，只有"来自沉默的见证"，才显得合适：

> 这化作沉默的词。
> 逆着其他那些，那些

---

[1] 朽（Verderben）：腐朽、败坏；也有"不幸、厄运"之意。

> 与屠夫的耳朵勾勾搭搭,
>
> 那些很快也要攀上时间与纪元的词,
>
> 它终将挺身作证。 (I, 138)

这样的表述,以及《猎犬群》(*Meute*)和《毒牙》(*Giftzahn*)中的其他表述,第一次向我们昭示:早在1950年代中期,策兰已意识到,德国人不仅无力表达伤痛、进行哀悼,而且他还看到,有些人又恬不知耻地出现于公众的视野,而他们在不久前还是屠杀者的猎犬。

在这一时期,策兰虽已开始考量是否要退入沉默,但还未真正付诸行动。更确切地说,策兰其实是在书写着一种创作的诗学:他一方面拒绝着自己一直以来引为理想的"美的"诗[1],另一方面则使继续言说成为可能——即使他所面对的是屠杀者的耳朵与错误的赞歌。《你也说》描绘了这条道路。我们可以认为,叙述者在此对自己发出了指令:

> 你也说,
>
> 跟在后面说,
>
> 道出你的说法。
>
> 说——
>
> 但不要将是与否截然分离。

---

1 [例证参见1948年4月21日及7月6日策兰给马尔古-施佩贝尔的信,策兰在其间表明,他希望写出"美的"诗并希望以"美的"方式将它们诵读。见 Margul-Sperber(1975),页51—52及下页。]

也赋予你的说法以意义：
赋予它们以阴影。
［……］

向四下里看看：
看，周围多么生动——
在死亡中！生动！
谁说出阴影，谁就说出真实。
［……］　（I，135）

直至下一部诗集，"阴影"都一直是策兰最常用到的词汇之一，它有时独立出现，有时作为合成词中的一个部分。显然，在这个词中同时回响着死亡、痛苦和哀悼的声音。与此同时，我们也不可无视其中的诗学维度。这里，也谈到因任凭主观意愿对词语做出单一解释而"造成的阴影"，谈到共生于同一词汇中的"否"与"是"。在回答1958年巴黎福林科尔（Flinker）书店有关诗人工作方式的调查问卷时，策兰对这个时代德语诗歌的所能和所需予以反思。他的回答似乎在以非诗体的形式重述上面的诗：

它[1]被记忆中最幽暗的部分，被最可疑之物环绕。回想自己所置身的传统，虽还有人对它有所期盼，然而这些倾听的耳朵所期望的语言它却无法重新拾起。它的语言变得平实而客观，它不再相信"美"，它试图能够真。

---

[1] 在此指前面提到的"德语诗"。

目睹着这虚幻现实中的斑斓,如果能允许我从视觉领域寻找一个词,那么,这应该是一种"灰色的"语言,这语言也希望将自己的"音乐性"寄于某处,不过这里所说的不是"优美的音韵",不是那身临最可怖之境还多少有些不管不顾流淌而出的"优美的音韵"。虽然表达的多面性是必要的,但这语言要求的是精确性。它不神化,不"诗化",它只道出名字,列于纸面,它尝试对现存和可能的领域进行测定。这里所说的从来就不是语言本身,也不是作品中的语言,而只是在某一自身存在的特定倾角中进行着言说的"我",对这个"我"而言,这是一种轮廓和方向。真实并不存在,真实需要被寻找与被获得。(Ⅲ,167—168)

1959年由费舍尔出版社[1]出版的第三部诗集《语言栅栏》,更确认了这有关"灰色"语言的诗学原则,其中的每首诗都向我们昭示着这一诗学理念。美丽的扬抑抑格、动人的优美音调、迷人的"梦幻般的"意象——这些都已不再;面对着因误读而产生的广泛好评,作家似乎已完全无伐法容忍自己原有的写作方式。

不过,其间另一件事可能也多少产生了一些影响:在难以相

---

[1] 费舍尔出版社(S. Fischer Verlag):1886年由萨缪尔·费舍尔(Samuel Fischer)创建于柏林,总部现设在法兰克福,是德国最重要的纯文学出版社之一。第三帝国期间,由于受到纳粹统治的威胁,出版社的继承人萨缪尔·费舍尔之婿戈特弗里德·费舍尔(Gottfried Bermann Fischer)将出版社一分为二,自己带着"非法"作家的出版工作和家人流亡国外,"合法"作家的出版工作则交由彼得·苏尔坎普(Peter Suhrkamp)主持。后者于1950年脱离费舍尔出版社并带走了33位作家,成立了后来赫赫有名的苏尔坎普出版社(Suhrkamp Verlag)。

处、业已疏远的女友英格柏格·巴赫曼 1956 年的第二部诗集《大熊星的召唤》(Anrufung des Großen Bären)里，策兰发现"美的诗"仍在延续；一切就像诗《维也纳的大风景》(Große Landschaft bei Wien，作于 1953 年)中所表现的那样，那是一幅由诗行（主要为五扬音的扬抑抑格）写就的宽广历史哲学画面，慷慨激昂。策兰的应答诗歌，写于 1958 年 8 月的《路堤、路基、空地、碎石》(Bahndämme, Wegränder, Ödplätze, Schutt；I, 194)是对于二人共同的时代经历和爱情经历有所保留、有所怀疑的新版本。从美学角度上看，它几乎是一曲反调，是一种戏仿。英格柏格·巴赫曼注意到了策兰的"修正"，而且也接受了它。后来她在 1960 年 2 月 24 日的法兰克福诗学讲座中便说明了这一点。在诗集《语言栅栏》新的诗歌言说中，策兰也嵌入了这次讲座的内容。女诗人则在几处地方简短提到了《路堤、路基、空地、碎石》，并对作品以及相关诗歌做出了精准的评论：

> 隐喻完全消失，词句卸下了它的每一层伪饰和遮掩，不再有词要转向旁的词，不再有词使旁的词迷醉。在令人痛心的转变之后，在对词和世界的关系进行了最严苛的考证之后，新的定义产生了。[1]

诗集《语言栅栏》以长诗《密接应和》结尾——这首长诗是德语诗歌中最重要的作品之一。和《死亡赋格》一样，它也在诗集中独据一方。它可以也应该被读作对早年《死亡赋格》的应答。同样

---

[1] [Bachmann: *Werke 4*, München/Zürich, 1978，页 216。]

与音乐有关的标题便是一种暗示，从乐理上讲，与赋格体借以实现其目的并借以结篇的方式一样，密接应和指的是"以对位法方式使多个主题处在相近的时间里，即尽可能同时地聚合起来"[1]。诗开头写道：

> 被带入
> 场地
> 带着无欺的印迹 （I，197）

如此一来，便引出了第一个大的主题——对犹太人的流放与杀戮。此外，就像策兰在一封给埃里希·艾因霍恩的书信里所写的那样，出现于诗中的还有另一个主题——由原子弹造成的摧残。[2] 在这样一个如音乐组合般的诗的声音空间里，能够听到前苏格拉底哲学家德谟克里特（Demokrit）、但丁（Dante）、让·保罗以及尼采（Nietzsche）等人的陌生声音。熟悉的诗学问题和内容上的主题交结到一起——面对那些彻底反人性的人类行为时，怎样的回忆方式才是恰当的。诗歌开篇便有这样的说明：

> 不要再读了——看！
> 不要再看了——走！
> （I，197）

可以断定，这句话摒弃了惯常的文学方式，摒弃了那种制造解

---

1 ［*Großer Brockhaus*，引自 Szondi（1972），页 55。］
2 ［1962 年 8 月 10 日信，见 Einhom（1998），页 33。］

说、阐释以及类比的做法。诗歌的下一段又可以被解读为对狂妄自视为"二度造物"的"纯"艺术的尖锐批驳，对一切"l'art pour l'art"[1]的抗拒。这里指出了写作的第三条路，一条全新的路：既非模仿、反映与表现，又非单纯的"为艺术而艺术"，而是要小心地记录下恐怖的印记，跟随它的道路，感同身受地共同完成，而不是对它进行模仿，如：

[……]向
眼睛走去，将它濡湿。（I, 199）

《密接应和》大概不同于策兰的任何一首其他诗作。它实现了他的新设想：使用非支配性的、不会再"产生语言强势"的言说方式，拒绝将不可思议之物纳入自己的理解视野，从而也就不会剥夺这个"他者"的所有。奥斯维辛和广岛（Hiroshima），"在这两地都有化作烟的灵魂"（I, 203）生成于冰冷、功用性的理性野蛮思想中，这两大内容上的主题就这样与诗学主题，与那个棘手的问题——在艺术上应以怎样的方式，对诸如犹太大屠杀和原子弹集体杀戮这样有违人类文明的行为做出应答——产生了"密接应和"。"大师般的"、光彩照人的纯艺术（就像《死亡赋格》所表现的那样）因其非社会性和有违人性而被拒绝，然而对于一切重述性、模仿性和肤浅现实主义的文学和艺术，策兰也同样表示抗拒。对此，策兰在1960年的讲演《子午线》中已经以非诗体文字的形式做出解释。

有时，会有人说，《密接应和》是对《死亡赋格》的一种"收回"，

---

[1] 法语，意为"为艺术而艺术"。

一种撤销。当汉斯·迈尔[1]在交谈中做出类似猜测时,策兰给予了否定的回答:"我从不会收回一首诗,亲爱的汉斯·迈尔!"[2]在朋友艾因霍恩面前,作家坦言了自己诗歌的意图:

> 德谟克里特的残句占据了中心地位:"除了原子和虚空的空间,一切其他的便只有见解。"我不用在此特别强调,诗正是为了这见解,为了人的缘故而作,为了抵御一切的虚空和原子化而作。[3]

除了家人,策兰在哪里才能找到那些让他如此惦念的人呢?作家常说,50年代生活在巴黎的自己是"完全孤伶伶的",而现在看来,这样的说法显然与事实不符。就像我们已经提到过的那样,伊夫·博纳富瓦是他年代最久远的朋友之一;还有时而生活在巴黎、时而生活在普罗旺斯,声誉极高的勒内·夏尔。早在1953年,策兰便与他相识,1958年又翻译了他在抵抗运动[4]时期的札记《催眠集》(*Feuillets d'Hypnos*);夏尔则将策兰这位年轻人称为自己的"诗人兄弟[……],越来越难在现实中保存自己的诗人兄弟"[5]。策兰应该还见到了自己从大学时代起便分外尊崇的加缪。1958年,后者曾为夏尔作品集的法德双语版写过一篇精彩的前言。诗歌《如奸如贼》(*Gauner und Ganovenweise*)的最后一行被策兰写作斜体,即"瘟疫"

---

1 汉斯·迈尔(Hans Mayer, 1907—2001),德国知名日耳曼学者,"二战"时流亡法国与瑞士,战后曾在莱比锡、汉诺威等地的大学任教。
2 [Mayer(1970),页1158。]
3 [1962年8月10日信,见 Einhom(1998),页33。]
4 指"二战"时期法国的抵抗运动。
5 [依据 Schwerin(1997),页199。]

（I, 230），它指涉加缪的著名长篇小说《瘟疫》(*La Peste*)[1]，也可被解读为纳粹主义的瘟疫。除了汉斯·阿尔普[2]和马克斯·霍尔茨[3]，偶尔的交谈对象还有萧沆。早在1953年策兰就翻译了他极端反形而上学的文章《崩塌的学说》(*Die Lehre vom Zerfall*, 1949)。罗马尼亚人萧沆生于1911年，曾是法西斯组织铁卫队（Eiserner Garden）的党徒，为它写过极具煽动性的文章（策兰大概从来不知道这些），1937年后主要生活在巴黎，从1947年开始改用法语写作，是一位尼采和陀思妥耶夫斯基式的虚无主义预言家，他砍光伐尽的哲学成了自杀的辩护辞。不过不同于策兰，他最后还是在愉悦的绝望中终老。慢慢地，策兰也与其他的一些巴黎作家熟稔起来，在他们中有大名鼎鼎的亨利·米肖（策兰后来翻译了他的作品）、莫里斯·布朗肖[4]、爱德蒙·雅贝[5]以及安德列·迪·布歇和雅克·杜潘[6]。

在初到巴黎的几年——如我们提到的那样——维也纳的朋友，特别是克劳斯·德穆斯依然显得相当重要，在某种程度上，也因为此地仍不似曾经的切尔诺维茨、布加勒斯特或维也纳，还未出现心心相印的朋友，于是，1950年代的策兰还经常去维也纳旅行。从1952及1953年开始——由于尼恩多夫会议的推动作用——诗人所结交的作家圈子渐渐广了起来。1960至1961年后的策兰总爱将这些同行视为一帮纯实用主义的家伙。事实上，他们并不尽如他的想

---

[1] 习惯译为《鼠疫》，在此与策兰诗歌中上下文配合，故译为《瘟疫》。
[2] 汉斯·阿尔普（Hans Arp, 1887—1966），画家、雕塑家、诗人、达达主义和超现实主义的代表人物。
[3] 迈克斯·霍尔茨（Max Hölzer, 1915—1984），维也纳超现实主义的代表人物。
[4] 莫里斯·布朗肖（Maurice Blanchot, 1907—2003），记者、文学理论家、作家，对战后文学与哲学产生了重大影响。
[5] 爱德蒙·雅贝（Edmond Jabès, 1912—1991），犹太作家与诗人，出生于埃及一个讲法语的犹太家庭。1957年因其犹太出身，离开出生地迁居巴黎。
[6] 雅克·杜潘（Jacques Dupin, 1927—2012），法语诗人。策兰曾翻译过他的作品。

象。早于 1948 年，策兰就结识了玛利·路易士·卡什尼茨[1]；1954 年，又和阿尔弗雷德·安德施建立了真挚的友谊。后者于 1955 年初在巴黎造访了策兰一家，并在斯图加特广播电台和他短命的杂志《文本和符号》[2]中发表了策兰的诗歌和译作。对策兰而言，直至 1950 年代中期，斯图加特一直是最重要的德国城市。不仅因为这座城市是他的出版社所在地，1953 年，他还在这里碰到了赫曼·伦茨，后者和"四七社"里的那些"足球运动员"如此不同。他的妻子汉娜（Hannah）是犹太人，在谈话中伦茨自己也总是欣慰地提起，作为在国防军中服役的士兵，自己还没有碰到不得不开枪的情况。和这样的德国人，策兰是可以交心的。他将诗歌《夜色里翘起》献给伦茨夫妇，此举足以见证他的青睐。这样的信任也可见诸一些比诗人年轻的作家身上，比如在往返于斯图加特间所结识的约翰内斯·珀滕[3]和彼德·赫尔特林[4]。同样，策兰与生活在瑞士纳沙泰尔州[5]的弗里德里希·狄伦马特[6]及其妻的交往也显得情真意切。[7]

最后，我们还不要忘记，1950 年代的巴黎也吸引了一些德国艺术家，他们与策兰多少有些私交。其中有画家海因茨·特罗克（他

---

1 玛利·路易士·卡什尼茨（Marie Luise Kaschnitz，1901—1974），德国作家，1955 年获毕希纳文学奖。

2 《文本和符号》（*Texte und Zeichen*）：由阿尔弗雷德·安德施出版的文学双月刊，发行时间为 1955—1957 年。

3 约翰内斯·珀滕（Johannes Poethen，1928—2001），德国作家、诗人、电台记者，他也在斯图加特广播电台工作。

4 彼德·赫尔特林（Peter Härtling，1933—2017），德语作家、编辑、出版人，尤以儿童文学创作见长。

5 纳沙泰尔州（Neuchâtel）位于瑞士西部，在法语区内，德语名为"Neuenburg"。

6 弗里德里希·狄伦马特（Friedrich Dürrenmatt，1921—1990），瑞士剧作家、小说家，当代德语文学中的重要人物。其作品惯以荒诞夸张的方式反映严肃的社会问题。

7 ［参见 Dürrenmatt（1990）。］

们的相识早在 1950 到 1952 年间），自 1956 年以来生活在法国的诗人沃夫冈·贝希勒[1]，还有 1956 到 1960 年间在巴黎生活并撰写《但泽三部曲》的君特·格拉斯（Günter Grass）。由于时间上的遥远距离，格拉斯将策兰称为"复杂的、几乎无法接近的朋友"。他在许多事上都对策兰心存感激，例如"激动、分歧、有关孤独的概念、还有有关奥斯维辛尚未终结的认识"[2]。有一段时间，策兰也和卡尔·克罗洛夫[3]走得很近。1952 年，克罗洛夫也在尼恩多夫，而且在为数不多的《罂粟与记忆》的精当评论中就有一篇出自他的手笔。1958 到 1959 年间，克罗洛夫在巴黎的联合国教科文组织工作过一年，和策兰常有交往。然而和其他的许多友谊一样，这段关系在 1960 年后也变得黯然了。作家与比他小十三岁的克里斯托夫·格拉夫·冯·施维林[4]间的关系应该也很亲密。这位年轻人的父亲是 1944 年 7 月 20 日事件的牺牲者，1954 年，他满怀敬意地拜访了策兰；1955 年，在巴黎念大学的他还为策兰充当了半年"忠诚的秘书"，用打字机记录策兰口述的译文。[5]不久之后，施维林成了费舍尔出版社的编辑。日后，是他邀请策兰负责浩瀚的米肖作品集的编选工作。

策兰自然还认识许多以德语写作的同行，如民主德国的彼德·胡

---

[1] 沃夫冈·贝希勒（Wolfgang Bächler, 1925—2007），德国诗人、作家，"四七社"最年轻的始创人员，"二战"中在军中服役，后受重伤。

[2] ［Grass（1990），页 29—30。］

[3] 卡尔·克罗洛夫（Karl Krolow, 1915—1999），德国作家、诗人，曾获毕希纳文学奖、里尔克文学奖和荷尔德林文学奖。

[4] 克里斯托夫·格拉夫·冯·施维林（Christoph Graf von Schwerin, 1933—1996），其父乌尔里希·威廉·格拉夫·冯·施维林（Ulrich Wilhelm Graf von Schwerin）是 1944 年 7 月 20 日暗杀希特勒行动的参与者。暗杀失败后，乌尔里希·威廉被处决，他的妻儿均受到牵连。

[5] ［Schwerin（1997），页 203。］

赫尔[1]和埃里希·阿伦特[2]、君特·艾希[3]、海因里希·伯尔[4]、瓦尔特·延斯、汉斯·马格努斯·恩岑斯贝格[5]，以及其他一些"四七社"圈子里的人。然而，与后面一群人的关系在1960年前便被烙上了怀疑的印记。较之其他容易受到伤害的艺术家而言，保罗·策兰在更多的时候保持着"一道距离上的防疫封锁线［……］能够看到的是永远的彬彬有礼和神秘微笑"[6]。

1957年5月，终于出现了一次没有这种距离感的重逢。那时，罗泽·奥斯伦德尔从美国归来，探望了身在巴黎的策兰。也许就是因为他，这位切尔诺维茨的女友才中断了她一直以来的传统韵律诗的写作。他那新的写作方式令她感到震惊，使她开始涉足现代诗歌，从此之后，她的诗歌作品明显属于这一范畴。1957年11月，奥斯伦德尔又一次造访策兰，这一回他承诺帮助她在杂志上发表她的诗歌新作。之后，一切如愿，不过她回到纽约再次给策兰写信，却再也没有得到他的回应。[7]

---

1 彼德·胡赫尔（Peter Huchel，1903—1981），德国诗人，原名赫尔穆特·胡赫尔（Hellmut Huchel），1930年改名为彼德，"二战"时被征招入伍，后被苏军俘虏，1971年携家从东柏林迁往联邦德国。
2 埃里希·阿伦特（Erich Arendt，1903—1984），德国诗人，1933年流亡瑞士，1936—1939年参与西班牙内战，后避居法国。1950年，阿伦特携妻返回东柏林。
3 君特·艾希（Günter Eich，1907—1972），德国诗人、作家，"二战"中在国防军中服役，战后参与组建了"四七社"。
4 海因里希·伯尔（Heinrich Böll，1917—1985），德国作家，"二战"时曾服役于国防军，1944年从队伍中逃脱，后被美军俘虏，1972年获诺贝尔文学奖。
5 汉斯·马格努斯·恩岑斯贝格（Hans Magnus Enzensberger，1929— ），德国诗人、作家、出版人、翻译家、编辑，1963年获毕希纳文学奖。
6 ［Peyer（1987）。］
7 ［参见 Ausländer（1991），页25—26。］

第六章 "我是那个不存在的人"
德国的，犹太的，俄国的 1958—1963

1931年，犹太哲学家、社会学家古斯塔夫·兰道尔（Gustav Landauer）自述："［……］我的德国身份和我的犹太身份并未相互妨害，而是相得益彰。［……］我从来就不想将自己简单化，也不愿通过自我否定的方法将自己划一；我接受自我错综复杂的现状，而且我希望自己比已知的还要多面。"[1] 保罗·策兰知道，至少在大屠杀之后，兰道尔所代表的德意志-犹太共处共生的观念已宣告失败，不过策兰觉得，潜藏在这"伟大论述"背后的问题却远未解决：

是谁让它有了了结？这个人和那个人，断断续续地。但最终还是了结了——是的，它也只得如此。[2]

策兰"了结"这一时代冲突的方式几乎不同于其他任何人。从某种程度上说，他差不多是在猝不及防间与这一冲突相遇，渐渐地，

---

[1] ［Landauer: *Zwang und Befreiung*, Köln, 1968, 页199。］
[2] ［1968年4月23日给吉德翁·克拉夫特（Gideon Kraft）的信。引自Koelle (1997)，页73。］

它超出了他的承受能力，最终导致了他的毁灭。1958到1963年的这段时间里，作家完成了一曲混杂着"德意志"经验和"犹太"经验的"密接应和"，一曲只有在他存在的纠结间才能确切领会的"密接应和"：一方面是德国或德国人对他造成的再度伤害，另一方面则是他在被德国人大肆剿杀的犹太民族中的（暂时）驻足。

1948年7月，策兰由维也纳移居巴黎。途中，诗人在因斯布鲁克（Innsbruck）造访了曾是诗人特拉克尔挚友的老路德维希·冯·菲克尔[1]，他向菲克尔朗诵了自己的诗歌且倍感欣喜。在给阿尔弗雷德·马尔古-施佩贝尔的信中，策兰这样写道："他完全能够理解我诗中的犹太元素——您知道，我很看重这个。"[2] 事实上，1948年前后的策兰诗歌的确显现出相当明显的"犹太元素"，有时，诗的主题和母题直接涉及《旧约》。不过，纳粹大屠杀和母亲之死的永恒关联，还是诗歌的主要组成部分。我们发现，在诗集《从门槛到门槛》（1955）中，"犹太元素"退居较为次要的位置，一如它在策兰1950年代巴黎生活中的无足轻重；后来，在《语言栅栏》中才又有所加强。虽然大屠杀几乎无所不在，但狭义上的犹太母题鲜有出现，一些给人深刻印象、带有渎神色彩的诗歌则仍在继续：从1948年的《晚来深沉》到1957年的《黑暗》（*Tenebrae*[3]），直至1959年的《大地就在他们身上》（*Es war Erde in ihnen*）和1962年的《诗篇》（*Psalm*）。它们大都以被害者的第一人称集体合唱形式写成，断言上帝在大屠杀中的缺席，接受了"你们渎神！"的谴责并挑衅地颠倒了原存于

---

[1] 路德维希·冯·菲克尔（Ludwig von Ficker, 1880—1967），作家、出版人，1910年创建了文化杂志《熔炉》（*Der Brenner*），资助出版了特拉克尔的作品。

[2] [*Briefe an Margul-Sperber*（1975），页52—53。]

[3] "tenebrae"在拉丁语里的意思是"黑暗"，指天主教中纪念耶稣受难的赞美诗晨祷，即复活节前一周最后三天的早课经和赞美经，伴随有烛光仪式。

人类和上帝间的祈祷关系。《黑暗》一诗中这样写道:"祈祷吧,主,/向我们祈祷,/我们很近"(I,163)。这里显示了策兰"抱怨的约伯(Hiob)的立场"[1],显示了他的希望相信和无法相信。它们一直伴随着他,直至他的生命尽头。

1957至1958年后,在策兰的生活和写作中,诗人对其犹太身份的关注又上升到了一个新的纬度。他以近乎饥渴的方式深入探究着自己的犹太身份。要理解诗人的这一表现,则不能不谈到他这些年里所遭遇的伤痛体验。策兰生活在法国,但他对德国非常熟悉,甚至太过熟悉——那个在1952年后因为朗诵作品,拜会朋友、编辑和同行而时常造访的德国。对他而言,这个国家已成"恐惧之地"[2]。按照许多朋友的说法,只要一跨过边境,策兰就像变了个人,显得紧张而拘束。难道他不应如此?虽然西方盟军建立了一套民主制度,并试图对德国人加以"教化",可是这样的做法能否成功?德国国民十二年来的同谋共犯,或者至少是随波逐流、不闻不问和掩耳盗铃的事实,所有这些都无法在朝夕间获得扭转。对犹太人的迫害与流放发生在德国社会,而非别处。德国民众在反犹问题上的一致态度(个别情况除外),是此类事件发生的基础前提。这样的心态无法在1945年5月8日的朝夕间轻易消失。

与这些心理残余相对应的是政治层面上的一系列重要举措。1949年建国后,联邦德国政府颁布了针对纳粹分子的免刑法案,1950年,盟军的去纳粹项目宣告结束,1951年,依据法律许可,成千上万的"国家公仆"——法官、检察官、警察、德国国防军军官、行政官员、教师、教授——重新回到公共岗位。二十年间,联邦德

---

[1] [Silbermann(1993),页35。]
[2] [Buck(1993),页159。]

国的立法、行政以及教育都遵循着同一方向：平息和驱散属于纳粹的过往，在政治上赦免协从犯，使他们重新融入社会。这样的"历史性政策"也许是一种必然，却不是此处的话题所在。[1] 具体于策兰而言，我们关心的是这些有关"新德国"的印象，如何在他心中纠结为一体。除此之外，还有更可怕的事情：曾经参与策划过集体罪行的纳粹精英们重新崛起。在他们中不仅有阿登纳[2]总理府的长官汉斯·弗洛普科（Hans Flobke，他曾于1935年对所谓纽伦堡法案[3]做出过评注）、部长特奥多·奥伯兰德（Theodor Oberländer），更有数以百计曾出任盖世太保头目或担当过突击队指挥官的男人。起初，他们（大都未曾受到法律的追究）以"小圈子""老饭桌"以及"俱乐部"的形式聚在一起，甚至其中的许多人又重新在经济和司法领域占据领导位置。[4] 源于机会主义的想法、众多挑衅行为纷纷出现。直至1960年，被警局登记入册的涂写纳粹标志和标语的事件就有六百多起，它们大都发生在犹太教会堂周围。与此同时，政府方面正式提出"偿付"的说法——对以色列进行赔付，似乎曾经发生的一切都可以"偿付"。

保罗·策兰当然是一名热切的报刊阅读者。对于这些事情的经过，他也可能只有一些零星认识，不过出现在文学圈的种种征兆却逃不出他的视野。他诗作的两位著名评论家便在此列：热衷于战争、

---

1 ［参见 Norbert Frei：Vergangenheitspolitik. *Die Anfänge der Bundesrepublik und die NS-Vergangenheit*，München，1996。］

2 阿登纳（Konrad Hermann Joseph Adenauer，1876—1967），联邦德国第一任总理，在任时间为1949—1963年。

3 纽伦堡法案（Nürnberger Gesetze）：通过于1935年9月15日，法案对"犹太人"做出定义，是纳粹种族歧视法律化的发端。

4 ［参见 Ulrich Herbert：*Als die Nazis wieder gesellschaftsfähig wurden*，见1997年1月10日 *Die Zeit*。］

曾为纳粹独裁追随者的库尔特·霍霍夫[1]和汉斯·埃贡·霍尔图森。霍尔图森于1940年发表《波兰战争札记》(*Aufzeichnung aus dem polnischen Kriege*),就"历史之气息"的话题大放厥词,并杜撰了"我方进军"的不朽"意义"。[2] 正是这个男人否定了策兰诗歌中的现实成分,而再也没有什么指责比这更让策兰感到愤怒。1959年10月,同样的愤怒再次被引爆。评论家君特·布勒克(Günter Blöcker)说《死亡赋格》像是"五线谱谱纸上对位法的祈祷练习",并大谈诗集《语言栅栏》中的"众多隐喻"(这里有隐喻吗?),断言它们"并不源于现实",对现实亦无所裨益。诗人为他的出身背景所"诱导,在虚空中手舞足蹈"[3]。策兰的心被深深地搅乱了,他深情地以诗篇《狼豆》(*Wolfsbohne*)作答。诗歌将母亲作为倾诉对象,整首诗中对于母亲的呼唤多达二十一次。然而,诗人并未将这首诗发表:

> 母亲。
> 母亲,谁的
> 手被我握于手中,
> 当我携你的
> 言语去往
> 德国?[4]

---

1 库尔特·霍霍夫(Curt Hohoff, 1913—2010),德国作家、文学评论家,西柏林艺术学会与巴伐利亚艺术学会(Bayerische Akademie der Schönen Künste)成员,1939—1945年间服役于国防军,1947—1949年间先后任《南德意志报》(*Süddeutsche Zeitung*)和《莱茵水星》(*Rheinischer Merkur*)编辑,之后以自由作家身份居住于慕尼黑。
2 [见Eckart 16 (1940),四月刊,页104。]
3 [1959年10月11日 *Der Tagesspiegel*。]
4 [Gedd.Nachlass,页46。]

另外的一次重要经历是有关电影《夜与雾》[1]的纷争,影片由阿伦·雷奈(Alain Resnais)执导,记录了发生在纳粹集中营里的事情。1956年,策兰将让·凯罗尔(Jean Cayrol)所撰写的解说文字转译为德语;他对待这项工作的态度非常认真,而这项工作也带给他精神上的震动。同年,当影片就要在戛纳影展参与竞赛播映时,联邦德国政府提出抗议,认为该片将会招致"对整个德意志民族的仇恨"[2]。法国政府接受了德国人的无理要求,从节目单中撤除该片。曾有人抗议,但未见成效。

不过,在这些年里,亦有认可与赞赏降临于策兰。其中,1958年1月颁予他著名的布莱梅文学奖便是明证。然而,就是这件事,也有着策兰有幸未能知晓的另一面。早在1954年,策兰便第一次被提名候选。可是,三年之后,他才最终赢得评审委员会的多数票,才能够战胜鲁道夫·亚历山大·施洛德[3]的公开表态,在评审中占了上风。想想这位自喻为"内心流亡"的领袖代表人物对策兰抱持着怎样的抗拒,再想想策兰在布莱梅颁奖礼上对施洛德表现出的欣赏

---

[1] 《夜与雾》(*Nacht und Nebel*):反映"二战"集中营状况的法语纪录片,1955年在历史学家亨利·米榭(Henri Michel)的提议下拍摄而成。片名源于纳粹为镇压占领国抵抗运动而颁布的"夜雾法令"(Nacht-und-Nebel-Erlass)。现在,该片已成为同类题材中的经典影片。

[2] [参见 *Fremde Nähe*,页231。]

[3] 鲁道夫·亚历山大·施洛德(Rudolf Alexander Schröder, 1878—1962),德国作家、翻译家、建筑师、画家,曾创办杂志《岛》(*Die Insel*)与布莱梅出版社(Bremer Presse),1935年离开布莱梅,迁居至上巴伐利亚山区(作家自己将此举视为"内心流亡")。纳粹当政时期,他主要从事一些教会方面的活动,但与一些具有民族保守思想的作家有所交往。

是何等明显、无所掩饰[1]，当时德国文化和文学间的深刻分化由此可见一斑。[2]

保罗·策兰与犹太文化的（重新）亲近，表现在他1950年代的购书和阅读习惯上。在巴黎安顿下来后，他才开始拥有自己的藏书，去世时，藏书量已近五千册。1952年后，他很快就收集到了一切和卡夫卡相关的书，也读一些马丁·布伯[3]的作品以及与哈西德派运动有关的书籍。1957到1963年间，策兰开始涉猎弗兰茨·罗森茨瓦格[4]、格尔斯霍姆·舍勒姆[5]（关于犹太教神秘教义的著作，更确切地说即喀巴拉[6]）、玛格丽特·苏斯曼[7]（主要是她有关约伯的作品）及古斯塔夫·兰道尔和本雅明的基本著作。奥斯卡·戈尔特伯格[8]

---

1 策兰在《布莱梅文学奖获奖致辞》中直接提到了施洛德："在那里，在那个现在已变得毫无历史可言、原来曾为哈布斯堡王朝行省的地方，鲁道夫·亚历山大·施洛德的名字第一次向我走来：在阅读鲁道夫·博尔夏特（Rudolf Borchardt）的《石榴颂歌》（Ode mit dem Granatapfel）时。"

2 ［参见Emmerich（1988），页12—15及页69—75。］

3 马丁·布伯（Martin Buber, 1878—1965），宗教存在主义哲学的代表哲学家，生于维也纳，1938年迁居以色列。

4 弗兰茨·罗森茨瓦格（Franz Rosenzweig, 1886—1929），德国犹太历史学家、哲学家。他在与基督教朋友的对话中建构了自己的犹太宗教哲学，由此展现了一种进行跨宗教性对话的可能性。

5 格尔斯霍姆·舍勒姆（Gershom Scholem, 1897—1982），犹太教学者，犹太教神秘主义宗教史和哲学研究学派创始人，做了大量有关喀巴拉历史的研究，被视为该领域的权威。

6 喀巴拉（Kabbala）：犹太教神秘主义体系，希伯来文的音译，原意为"传授之教义"。13世纪流行于西班牙，代表作为《光明之书》。该书以《托拉》注释的方式全面阐述了喀巴拉派思想。该派以神秘主义理解新柏拉图主义关于宇宙起源的学说，否定"理性"。它受到犹太教正统派的严厉打击，但仍在一般犹太教徒中流传。

7 玛格丽特·苏斯曼（Margarete Susman, 1872—1966），德国哲学家、记者、作家、诗人，1946年出版了《约伯之书与犹太民族的命运》（Das Buch Hiob und das Schicksal des jüdischen Volkes）一书。

8 奥斯卡·戈尔特伯格（Oskar Goldberg, 1885—1952），德国犹太医生、作家，因作品《希伯来人的真相》（Die Wirklichkeit der Hebräer）而出名。该书将《摩西五经》视为对现实状况的描写，而非神话传说。就连在宗教观念上与他一贯对立的宿敌舍勒姆也认为该书意义重大。

的《希伯来人的真相》与犹太大学生布拉格协会巴科科巴[1]1913年的文集《论犹太性》(*Vom Judentum*)也是重要藏书。

这些书为作家开启了一方精神和文化传承的空间。它与作为宗教的犹太文化有关，但绝未成为笃信的教义。策兰希望将大屠杀、自身的以及家族的经历，嵌入三千多年犹太文化的精神语境。在世代流传下来的文字间（更确切的说，在大量诉诸笔墨的文字中），这一语境显得可信而确凿，于是策兰这几年的诗歌明显出现了更多的引语和互文性。但是，这种精神上的语境与"千面的文字"(Aller Gesichter Schrift)息息相关，与千年来绵延不绝的犹太"种族之链"(Ⅰ,274)息息相关。作家觉得自己正是其中的一员，一些诸如根、干、树、睾丸、种、名和种之类的词的符码，便是明证。在1959到1963年间写成的诗集《无人的玫瑰》中，诗人以极其复杂的方式完成了这一定位。

1969年，策兰指出他的犹太性应该更多被理解为"普纽玛式的"而不是"题材"上的。[2]按照弗兰茨·罗森茨瓦格的说法，他在此处所用的这个希腊词"普纽玛"(Pneuma，拉丁语：spiritus)，意指"一种超越个体灵魂和肉体生命而存在的精神上的联系。它甚至会穿越他们的有生之年延伸开去，将个体与群体联系起来"[3]。正因为此，生活在陌生人中的策兰面对着大屠杀，希望能将自己嵌入自身的犹太文化，这"种族之链"不应被截断。1961年6月6日，在儿子埃里克6岁生日时，他写下了诗作《受福》(*Benedicta*)的第

---

1 巴科科巴(Bar Kochba)：1899年，犹太学生在布拉格大学里建立的犹太复国主义学生组织，后来成为中欧最重要的犹太复国主义组织。协会的名字取自公元132—135年在耶路撒冷发生的巴科科巴起义。

2 ［引自 Koelle (1997)，页66—67。］

3 ［Rosenzweig (1919)，引自 Koelle (1997)，页69。］

一稿。开头是这样的:

> 你饮下了它,
> 那源于祖先向我而来之物 {, }[1]
> 由祖先之彼岸而来:
> 普纽玛——:
> 精液。[2]

在《无人的玫瑰》之外,写作于1959年8月的非诗体文字《山中对话》(*Gespräch im Gebirg*)也借年长犹太人和年少犹太人间的虚构对话,对犹太存在的无处可归,以及它在当下的可能与不可能,做出反思。该文缘起于1959年夏天,策兰与特奥多·W. 阿多诺在锡尔斯-玛利亚(恩嘎丁)[3]有过一次"错过的相遇"(Ⅲ, 201)。那次会面由新朋友彼特·斯丛迪[4]发起,最终因策兰提前返回巴黎而作罢。

策兰使自己融入犹太文化的方式很特别。完成这一过程的方式不仅限于学术书籍,其间也有一些私人和诗作上的"相遇"。在他们中最引人瞩目的便是犹太裔俄罗斯诗人奥西普·曼德尔施塔姆。对策兰而言,曼德尔施塔姆(策兰坚持将他的名字拼写为

---

1 策兰此诗的原文如此。
2 [*Die Niemandsrose*,图宾根版,页74。]
3 锡尔斯-玛利亚(Sils Maria)是瑞士格劳宾登州(Graubünden)恩嘎丁(Engadin)山谷中的一个小镇,风光迤逦,是尼采的挚爱之地。这位哲学家的一些重要作品即完成于此,现在在当地还能看到"尼采之屋"。
4 彼特·斯丛迪(Peter Szondi, 1929—1971),匈牙利裔知名文学研究学者,柏林自由大学教授,研究领域主要为诠释学和比较文学,是策兰的朋友,也是其诗作的重要研究者。现在,在柏林自由大学设有以其名字命名的文学与比较文学研究所(Peter Szondi-Institut für Allgemeine und Vergleichende Literaturwissenschaft)。

奥西普·曼德尔施塔姆。来自苏联劳改营（古拉格）的照片，1938 年 8 月。

"Mandelstamm"，以区别于一般的"Mandelstam"拼法）情同手足，甚至是他的第二自我。策兰还将正在写作中的诗集《无人的玫瑰》献给他。无条件的好感源自二者经历上的惊人相似：犹太背景、遭受迫害、自杀企图、孤独、被指控剽窃、作品遭到诽谤、对"具有民族地域特征的社会主义"[1] 的好感。策兰如此强烈地希望能够与这位从 1934 年开始被流放、1938 年底死于古拉格[2] 的男人融为一体。甚至在还不太清楚曼德尔施塔姆的死亡时间与地点的情况下，他便认定是纳粹杀害了这位诗人。[3] 不过，最重要的是：曼德尔施塔姆在一

---

1 ［Mandelstam：*Im Luftgrab*，Frankfurt a. M.，1992，页 75。］
2 古拉格（Gulag）：苏联自斯大林时代始关押政治犯的劳改集中营系统，在海参崴附近，索尔仁尼琴在巨作《古拉格群岛》中有详尽的描述。
3 ［1958 年 12 月 4 日写给哈拉尔德·哈通（Harald Hartung）的信。见 *Fremde Nähe*，页 328。］

个极具可比性的他的"此在的倾角"中写作,从他这里,策兰发现了与自己相似的诗学(而不是诗歌风格上的)信念。二者所追求的都是诗歌语言中的"创造性和真"。"个性化"、诗的"见证"(置身于时代之中)、"锤炼的"语言、作为"书写此在"的诗歌——所有这些都是策兰在1960年广播稿中对曼德尔施塔姆诗歌特点的描述。其实,这也是他对自己诗歌特点的总结。[1]

1945至1947年留居布加勒斯特期间,策兰就已经开始从事由俄语至罗马尼亚语的翻译工作。1957年,他又重新开始阅读俄文书籍,并将注意力放在原来无法理解的俄语现代诗歌上。短短几年时间里,蔚为壮观的俄文藏书便已成形。他还将亚历山大·勃洛克[2]的长诗《十二个》(*Die Zwölf*)和谢尔盖·叶赛宁[3]的诗集以及其他几位20世纪俄语诗人如马雅可夫斯基[4]、赫列勃尼科夫[5]、叶甫根尼·叶夫图申科[6]的长诗《娘子谷》(*Babij Jar*[7])等零散诗作译为德语。虽然

---

1. [同上,页69—81。此外参见Victor Terras/Karl S.Weimar. Mandelstamm and Celan: *A Postscript*。见Germano-Slavica, 1978, 第5期, 页352—370, Olschner(1985), Ivanović(1996a及1996b)以及*Fremde Nähe*,自页337起。]
2. 亚历山大·勃洛克(Alexander Blok, 1880—1921),俄国现代派诗人,第二代象征主义作家的重要代表人物。
3. 谢尔盖·叶赛宁(Sergej Jessenin, 1895—1925),俄国田园派诗人。
4. 马雅可夫斯基(Wladimir Majakowskij, 1893—1930),俄国诗人、剧作家。其诗作受到未来主义派的影响。在戏剧理论方面,他反对生活的自然主义描摹,是戏剧革新者,其戏剧理论产生了持久影响。
5. 赫列勃尼科夫(Welimir Chlebnikow, 1885—1922),俄国诗人,俄国诗歌未来主义派的主要发起人之一,也是该流派的理论家之一。
6. 叶甫根尼·叶夫图申科(Jewgenij Jewtuschenko, 1933—2017),俄罗斯作家,后斯大林时代最受欢迎的诗人。肖斯塔科维奇(Shostakovich)曾以其诗作《娘子谷及其他》为基础,写成第十三交响曲。
7. 乌克兰地名,音译为"巴比雅",意思是"娘子谷"。1941年9月,占领基辅的德国纳粹军队与乌克兰警察将残留城中的犹太人驱逐至巴比雅峡谷,令其分为百人左右的纵队,分批进入峡谷。进入峡谷者遭到机关枪扫射,死伤者坠入谷底,很快被坍塌的峡谷崖壁掩没。如此循环往复,几天时间,就有3万多名乌克兰籍犹太人被纳粹杀害。在后来的几个月里,死于巴比雅峡谷的犹太人、吉卜赛人、苏维埃战俘和抵抗人士达10万人之多。

> **策兰重要翻译作品**
>
> 1946年 米哈伊尔·莱蒙托夫《当代英雄》(由俄语译至罗马尼亚语),弗兰茨·卡夫卡四篇小说(译至罗马尼亚语)
>
> 1950年 伊万·戈尔诗歌(未发表)
>
> 1953年 埃米尔·米榭·萧沆《崩塌的学说》
>
> 1956年 让·凯罗尔,电影《夜与雾》的评论文字
>
> 1958年 亚历山大·勃洛克《十二个》,阿尔图尔·兰波《醉舟》
>
> 1959年 奥西普·曼德尔施塔姆诗,勒内·夏尔,《催眠——反法西斯游击队手札》与其他
>
> 1960年 保罗·瓦雷里,《年轻的命运女神》,谢尔盖·叶赛宁诗
>
> 1966年 亨利·米肖《我曾是谁》,诗及其他
>
> 1967年 威廉·莎士比亚,21首十四行诗
>
> 1968年 吉奥塞波·翁加雷蒂《老人笔记》
>
> 1970年 雅克·杜潘《夜,愈来愈巨大》

策兰在很早之前便已是一位专业翻译家,虽然他在1950年代中期就因翻译著名的法语现代诗而闻名——特别是兰波的《醉舟》(*Das trunkene Schiff*, 1958)以及瓦雷里的《年轻的命运女神》(*Die junge Parze*, 1960),虽然诗人一生翻译了四十三位作家的作品,所涉语言达七种之多,虽然他堪称德语、犹太、罗曼语、斯拉夫语、盎格-鲁撒克逊文化和文学的兼通者[1],然而,他朝向俄语诗人的转变还是具有特殊意义,这意义不仅是审美上的,更是存在上的[2]。这些俄语诗人出现于1917年的乌托邦革命和斯大林的迫害之间,"为他们那辈人所滥用"[3]。在他们中,头一个便是"奥西普兄弟,俄国的犹太人,/犹太的俄国人"[4]曼德尔施塔姆——通过对这位

---

1 [1961年2月10日写给汉斯·本德(Hans Bender)的信(1984),页54。]
2 [参见 *Fremde Nähe*,页287—288。]
3 [Celan: *Notiz*,见 Mandelstamm: *Gedichte*, Frankfurt, 1959,页65。]
4 [Gedd. Nachlass,页371。]

诗人的介入，最纯粹地说明了，终其一生，高品质的翻译对策兰而言意味着：让陌生的（陌生语言的）诗，作为一封交付给未知、"寄往心之陆地的瓶中信"（Ⅲ，186，他在此采用了曼德尔施塔姆的意象）而登陆，和它一起进入"相遇的秘密"（Ⅲ，198），并通过"转渡"[1]这"船夫的工作"[2]建立起"陌生的亲近"。陌生的亲近，这一悖论是策兰曾计划书写却未能完成的一册诗集的标题。[3]

策兰虽然特别强调自己从事翻译时在语言精确性方面所做出的不懈努力，然而，对他而言，这实际意味着"在最大限度的文本相近性中翻译出诗中的诗意，重现格式塔，重现言说者的音质"[4]。基于这种想法而产生的翻译作品，并不能令所有评论家信服。有些人认定（按照他们的说法）在由此诞生的文本中，有着太过强烈的策兰式的瞬间。实际上，在情感姿态与写作姿态上，策兰与这位俄国犹太兄弟式的人物——曼德尔施塔姆间，已有了颇深的融合。在策兰看来，一方面苏维埃联盟——那俄式的东方——作为流放和死亡之地，曾为纳粹侵占，斯大林的恐怖统治也萌发于此；另一方面，和"这东方"、和俄罗斯联系在一起的，还有对已逝故乡、对博爱而崇尚自由的社会主义残存乌托邦的怀念。总而言之，策兰可以自称为——就像我们在这个时期的好几封信里看到的那样——"*Pawel Lwowitsch Tselan / Russkij poët in partibus nemetskich infidelium / s' ist*

---

[1] 德语原文为"übersetzen"。动词 übersetzen 作为不可分动词，有"翻译、改写"之意；作为可分动词，有"摆渡、渡河"之意。在此权译之为"转渡"。策兰认为，"翻译"不只是字面改写，也是思想的"转渡"。

[2] ［1954 年 4 月 1 日写给彼得·席费尔利（Peter Schifferli）的信。引自 *Fremde Nähe*，页 399。］

[3] ［参见同上，页 389—391。］

[4] ［1959 年 1 月 29 日写给伊曼纽尔·赖斯（Emmanuel Raïs）的信。引自 Terras/Weimar，页 362。］

nur ein Jud"（大意为，在不信神的德国人地盘中的俄罗斯诗人）[1]。

1962年4月，仿佛是命运的安排，策兰又重新开始与少年好友埃里希·艾因霍恩通信联系。此间，艾因霍恩生活在莫斯科，从事文学翻译，他能够读到策兰的诗并寄给策兰一些俄文书籍，这些书进一步强化了策兰的俄罗斯取向。1954年，策兰曾在诗《示播列[2]》中真诚呼唤艾因霍恩（I, 131），那首诗所怀念的主要是西班牙战士的自由梦想。现在，在1962年，在诗《同一》中，他又重拾原先那首诗里的母题，重拾那句曾被引用的口号"No pasarán"[3]，使有关法国革命和俄国革命的回忆形成"密接应和"[4]。然而二人应未重逢，虽然这重逢是他们所共同期盼的。

作为诗人和犹太人所遭受的诋毁属于曼德尔施塔姆命运的一部分。1960年春以后，同样的遭遇以更为尖锐的形式降临于策兰，这便是所谓的"剽窃事件"，或者我们更应称之为"克蕾尔·戈尔事件"。1960年4月，慕尼黑文学小杂志《工棚诗人》(Baubudenpoet)登载了伊万·戈尔遗孀的一封信，她满心感激地抓住了诗人理查·萨利斯（Richard Salis）中伤策兰诗歌的一篇评论，并在这封名为《有关保罗·策兰不为人知的事》(Unbekanntes über Paul Celan)的信中声称，出于信任，策兰被允许翻阅伊万·戈尔的德语和法语手稿，

---

[1] [1962年2月23日写给Federmann的信（1972），页18。亦参见《如奶如贼》早期版本中的箴言。见 Die Niemandsrose, 图宾根版，页42—43。]

[2] 示播列（Schibboleth）：语见《旧约·示师记》第12章第5节，基列人把守约旦河的渡口，捕杀以法莲人，以"示播列"一词作为试探。以法莲人因咬不准字音，便说成"西播列"，于是有四万二千以法莲人被基列人认出，遭到杀害。后来，"示播列"被喻为用以区分不同部落的标识口令。

[3] 西班牙语，意为"不许通过"，是国际纵队在西班牙内战中为捍卫民主政体向法西斯发出的宣战口号。

[4] [参见Einhorn（1998），页31。《同一》的第一稿题为《瓦莱哀歌》(Walliser Elegie)，其中就出现了"艾因霍恩"的名字（参见 Die Niemandsrose, 图宾根版，页106—107）。]

然而他滥用了这一权利，送来的译文极为糟糕，令她不得不阻止译文的出版，此外她还指控策兰对伊万·戈尔进行剽窃，大量转用遗作中的诗歌隐喻，其中也包括《死亡赋格》中的"早年的黑奶。"其实，这些恶毒而毫无理由的诽谤还不足以使人震惊。令人更无法接受的是，几份著名的报纸，如《世界》（*Welt*）和《基督与世界》（*Christ und Welt*），竟然在未加任何考证的情况下，直接采用了这些造成重大影响的指责。这一切都发生在1960年11月。

对策兰而言，此番责难并不新鲜。克蕾尔·戈尔在其夫亡故后不久便已开始发难。起先是在1950到1951年间，戈尔的遗孀和她的出版社驳回了策兰对伊万·戈尔法语文章的翻译，认为它们太过"策兰化"；1953年，她又提出了有关剽窃的指控。这一尖锐局面的始作俑者以及后来的主要证人，是年轻的日耳曼学者理查·厄科斯纳（Richard Exner），当时他还是留美的外国学生，后来又成为加州大学教授。1953年8月，厄科斯纳告诉克蕾尔·戈尔，在其夫的遗作《梦之草》（1951）和策兰的诗集《罂粟与记忆》中存在着惊人的相似性，而他根据后者的出版年代（1952年）便认定它"问世较晚"。如此一来，有关剽窃的指控诞生了。厄科斯纳并未花功夫深究这些和戈尔的作品"相近似的"策兰诗歌到底问世于何时，事实上，除了其中一首，其余作品均出版在1948年以前，并被印刷在已被撤回的诗集《骨灰瓮之沙》中，换言之，它们显然诞生于策兰见到伊万·戈尔及他的德语诗之前。

1953年，克蕾尔·戈尔还将有关剽窃指控的信件复制并寄给评论家、出版社和电台编辑。对此，策兰一定也有所耳闻。1956年，她通过一些至今仍然匿名的信件加强了攻势，而且这样的做法显然不无功效。不管怎么说，策兰还是考虑了做出反击的可能——最好能在一个较为严肃的场合予以反驳,并能得到同行作家们的支持。在君特·格拉斯著名的"巴黎箱子"[1](它在作家迁居之后失踪了很久,1976年才又被重新找到)中发现了1956年7月27日策兰给阿尔弗雷德·安德施的七页打字稿。那时,策兰还很敬重这位同行,希望能借用他的杂志《文本和符号》反击克蕾尔·戈尔的叫嚣。不过,策兰大概并未将这求助信寄出(至少,从1960年5月起,安德施便被策兰视为敌人)。[2] 克蕾尔·戈尔的中伤颇见成效,对于这一点,策兰应早有体会。譬如在1957年2月7日的布莱梅作品朗诵会上,当一位听众询问起有关克蕾尔·戈尔剽窃指控的事时,策兰便将这一问题斥为反犹主义,继而愤然离席。[3]

三年后,在1960年,克蕾尔·戈尔的诋毁跨越地域,广获应和。保罗·策兰被誉为1945年后最重要德语诗人的光辉声名,忽然遭到质疑。他找到我们能够想到的最好的代言人:英格柏格·巴赫曼、克劳斯·德穆斯、玛利·路易士·卡什尼茨。他们在《新评论》(*Neue Rundschau*)上一起发出反对的声音;彼特·斯丛迪在《新苏黎世报》(*Neuen Zürcher Zeitung*)上刊发了一篇主要从语文学角度对剽窃指控进行反驳的文章;罗尔夫·施罗尔斯、瓦尔特·延斯和汉斯·马格努斯·恩岑斯贝格也都毫无保留地为策兰辩护,做出同样努力的还有立场一致的毕希纳文学奖获得者们,以及奥地利笔会(1961年初,策兰被接纳加入这一组织)。另外,一份经德国语言文学学会

---

[1] "巴黎箱子"里所装的主要是《铁皮鼓》的最初草稿,据说格拉斯自己把这口箱子都忘掉了,后来又在格拉斯的巴黎故居内被找到。

[2] [打字稿的影本现存于马尔巴赫(Marbach)德国文学档案馆,被归入安德施遗著(编号798.5322/11)。有关策兰对安德施态度的改变,见 Briefwechsel mit Sachs(1993),页120—121。]

[3] [Döpke(1994),页38。]

（Deutsche Akademie für Sprache und Dichtung）提议、由赖因哈德·多尔[1]撰写的专家意见,也认为应"彻底驳回戈尔夫人的指控"。[2]可是,这样的做法其实更让人觉得尴尬,因为正是多尔在风波初起时热烈地维护着有关剽窃的指控。最后,连曾在多家副刊上散播剽窃论调的莱纳·阿博尔（Rainer K. Abel）也收回前言,向策兰道歉。

然而,那句臭名昭著的名言"semper aliquid haeret"[3],再一次显出了它的无比灵验。1960年12月,《月刊》（*Monat*）刊登了一篇题为《我到底存不存在?》的短篇小说,作者署名"R. C. Phelan"。这篇以虚构作者名开篇的文章显得特别狡诈,小说讲述了一位得克萨斯农民从无名小卒变成著名作家的故事,故事最后发现撰写小说的根本就不是某个人,而是一种写作机器;简言之,根本就不存在作者,他是一个不存在的人,一个骗子。虚构的作者名"R. C. Phelan"也暗示了这一点,它可以被读作"大骗子"（在法语中,"félon"的意思是"不忠诚者、泄密者",策兰也立即觉察到了这一点）[4]。编辑声称,"R. C. Phelan"是阿肯色大学的教授,学校位于美国费耶特维尔（Fayetteville）。可是,无论是在那里还是在其他任何地方,都没有这个人。[5]

在寄给维也纳老友赖因哈德·费德曼的一封信里,策兰语带苦涩地转用了这篇小说标题中的提问:"我到底存不存在?"在这位犹

1　赖因哈德·多尔（Reinhard Döhl, 1934—2004）。德国文学与传媒研究者、作家、艺术家。

2　[Döhl, 见 Dt. Akademie für Sprache und Dichtung. Jahrbuch 1960, 页 131。]

3　拉丁语,意为"总会有抹不净的地方。"

4　[1962年3月7日写给 Federmann 的信（1972）,页21。]

5　[在尚存于世的《月刊》相关人员中,已无人能够（或愿意）说出这篇文章的真实作者。依照设在美国西北大学（伊利诺伊州埃文斯顿镇）的《月刊》档案馆中的记载,这篇出自"Richard Phelan"的文章经由纽约的威廉·莫里斯经纪公司（William Morris Ageny）转给编辑部。也就是说,该文也许真的来自美国。]

太诗人看来，这一提问正中要害，道出了他在反犹主义野蛮思想的席卷下被迫经历了什么。对他而言，剽窃指控的背后匿藏着希望作为作者的他能够湮灭消失的企图。对他而言，一切皆已了然：曾经的肉体上的消灭未能成功，此后便觊觎精神上的灭杀。[1] 对于剽窃的指控，令幸存者再次陷入大屠杀般的恐惧，诽谤也是一种谋杀。[2] 人们也许会觉得这是作家对事件的夸张或者同时也是一种错误解读。可毋庸置疑的是，在这主观的解读方式之中体现着客观的成分：一种可怕的冷漠，完全无视大屠杀后犹太人的感受。在克蕾尔·戈尔难听的言谈中已经表露出对策兰犹太身份的攻击："他很清楚，需要将父母被杀的悲惨传奇［！］讲述得如此悲情。"策兰在1962年2月给阿尔弗雷德·马尔古-施佩贝尔的一封信里做出以下总结：

> 当作为个人的，即作为主体的我"被弃"后，我可以异变为客体，作为"主题"继续存在；大多数情况下作为"没有出生地的"荒原狼，还带着可辨识的犹太特征。一切我身上的东西都被重新组合——近来也有我的犹太性。[……]您想想维尔·费斯佩尔[3]：——想想那匿名的罗蕾莱[4]。我就是——严格地说，亲爱的阿尔弗雷德·马尔古-施佩贝尔——那个不存在的人！[5]

---

1 ［1962年4月25日写给Solomon的信（1981），页76。］
2 德语中，"诽谤"（Rufmord）是一个由"名誉"（Ruf）和"谋杀"（Mord）粘连而成的合成词，即"将对名誉的谋杀视为谋杀"。
3 维尔·费斯佩尔（Will Vesper, 1882—1962），亲纳粹作家。
4 罗蕾莱（Lorelei）：德国民间传说中的女妖，在莱茵河畔的高崖上以歌声诱惑过往的船只。德国犹太诗人海涅曾以此为题，写成伤感的抒情诗歌《罗蕾莱》。"二战"中，许多犹太作家的作品被纳粹焚毁、查禁，这首经典的《罗蕾莱》虽被官方选编保留，但被隐去了作者姓名。
5 ［Margul-Sperber（1975），页57。］

这些经历，为1962年底即将完稿的诗集《无人的玫瑰》的书名及"无人"（niemand）一词的反复使用，添加了一层新的含义。自称为"无人"，然后给那些在精神上剥夺其作者身份的人写信，就如同在真空中进行言说，说出的话永远不会进入对方的耳朵，这是怎样一种充满了自嘲和讥讽的论断。于此能够强烈感受到犹太作家的无足轻重，它正印证了另外两处重要的空缺：大屠杀后，犹太民族在三千多年里（虽然历经了迫害和散佚）所拥有的容身之地空缺了；同样空缺的还有上帝的位置，策兰一首著名的诗《诗篇》（*Psalm*）这样开头道：

> 无人用泥和黏土塑我们，
> 无人给我们的尘施法。
> 无人
> （I，225）

可以说，作者以犹太神学的解释方法为出发点，认为只有在人类的行为中才能看到上帝的实现——没有人类行为，上帝什么也不是。我们在前面曾提到布拉格文集[1]收录了胡戈·贝克曼[2]的文章《名的圣化[3]》，策兰就是在诸如此类的文章中接触到上述观念。当然，

---

1 即布拉格犹太复国主义组织巴科科巴的文集。
2 胡戈·贝克曼（Hugo Bergmann，1883—1975），以德语写作的新希伯来前卫哲学家、作家、专业图书管理员、犹太复国主义学生组织巴科科巴成员，其宗教思想受到马丁·布伯的影响。
3 名的圣化（Kiddusch haschem 或 die Heiligung des Namens）：源自希伯来语。犹太教认为，因宗教信仰而牺牲自己生命的人，其殉教行为将使上帝的名字变得更为神圣，即此处所说的"Kiddusch haschem"。

贝克曼的文章是从犹太复国主义角度对这一观念进行论证，将锡安复国视为目标。在策兰这里却正好相反，他从另一个方面强调了这一神学理念：历经大屠杀之后，犹太人的集体人类行为变成了不可能——"虚无／我们曾是，我们现在是，将来／我们还一直会是"——也就是说，上帝的空缺仍未被填补，只有通过"ex negativo"[1]，吟唱（文学创作）才成为可能作为"虚空的，／无人的玫瑰"。[2]

1960年，对作为个体和作为作家的策兰而言，加诸其身的伤害已达到极致，对他的心理及生存意志造成了永久性的损伤。据保守估计，我们可以认为，从1962年末开始，策兰的病情（至少在短时间里）已十分严重。此时距克蕾尔·戈尔在《工棚诗人》上刊登信件已两年半有余。作家在这些年里奋起抵御，对这一攻击予以反击，然而与此同时，他也虚弱了下去。他无法一直信心十足地做出应对（他又能怎样？），于是策兰没有缘由地对许多人起了疑心，以为自己被出卖，最终甚至与关系密切的朋友断绝往来。其中的一个重要例证便是他与克劳斯·德穆斯间的友谊，这段友谊在1963到1968年间几近完结。策兰与德国作家同行的关系也同样陷入危机，然而他们中的一些人完全是友好的。此外，策兰还一再强调，与那些尚未揭示出来的反犹主义一样，以自由主义面貌出现的反犹主义同样可疑而可鄙——同样如此的还有流行于知识分子之中的亲犹主义[3]。他甚至对犹太同行在文学活动中所发表的许多意见也表示出了相当程度的鄙弃。1960年10月，达姆施塔特学会（Darmstädter

---

[1] 拉丁语，意为"在否定中，通过对与之相悖状况的描述。"
[2] ［Margul-Sperber（1975），页57.］
[3] 亲犹主义（Philosemitismus）：17、18世纪的思想运动，对犹太人及其宗教抱着一种相当宽容的姿态，后也指对犹太人表现出的超乎寻常的好感。"一战"后，这种态度也被认为是种族歧视的一种表现形式。

Akademie）授予他毕希纳文学奖，而他将这解释为"不在犯罪现场的辩护"（Alibi），为的就是以后"能够更好地诋毁他"[1]。

针对诗人约翰内斯·波勃罗夫斯基[2]这位生活在民主德国、比策兰年长三岁的作家，策兰说了一些言辞特别激烈的话。究其原委，也许是一位共同的熟人彼特·约克斯塔[3]曾私下里告诉策兰，波勃罗夫斯基在书信中如何评价他和他的作品《语言栅栏》：波勃罗夫斯基虽然为策兰的诗歌所吸引，却将他1959年的诗集贬作"装饰考究的炼丹师厨房""蒸馏所"和"香水工厂"。开始，策兰还写了一些真诚而让波勃罗夫斯基感到"简直亲如手足般的"书信，可是在那之后他们便决裂了。1965年11月2日，策兰禁止（这一次又是由约克斯塔充任中间人）波勃罗夫斯基将《复苏》（Wiedererweckung）一诗献给自己或仅仅是寄给自己。而此时，波勃罗夫斯基已去世两个月。[4] 早在1962年，策兰就认为这位曾是德国士兵，于1943至1944年间在《内心之国》[5]杂志中崭露头角的同行，无权魔术般地"凭空生出古普鲁士之物"[6]，或者依照策兰的说法：作为当时的共谋者，无权顶着基督的宽恕精神作伪善的诗。

1　[1962年3月9日给Margul-Sperber的信（1975），页58。]
2　约翰内斯·波勃罗夫斯基（Johannes Bobrowski，1917—1965），德国诗人、作家，1937年在柏林以旁听的形式学习艺术史，而不愿接受一位纳粹分子提供的转为正式学生的可能。作为浸信教会（Bekennende Kirche）的成员，他曾与反纳粹的基督教反抗组织有过接触。"二战"中，他以二等兵的身份服役参战，1945—1949年被苏军俘虏。从战俘营回来后，他定居东柏林，在出版社任编辑。其诗兼容传统与现代，表现了现代人在生存困境中的痛苦和反思，曾获"四七社文学奖"等文学奖项。1944年，他在《内心之国》上发表了自己的诗歌处女作。
3　彼特·约克斯塔（Peter Jokostra，1912—2007），德国作家、文学批评家。
4　[参见Jokostra（1971）。]
5　《内心之国》（Das Innere Reich）：1934—1944年间出版于慕尼黑的文学杂志，副标题为"关于文学、艺术和德国生活的杂志"。
6　[1962年9月12日给Margul-Sperber的信（1975），页59。参见波勃罗夫斯基的诗《古普鲁士语的哀歌》（Pruzzische Elegie）。]

针对这一话题，策兰最激烈的（当时还未被察觉）反应出现在诗《小屋之窗》（*Hüttenfenster*）中：反对"他们，那些兴起它（屠杀的黑色冰雹[1]）的人，那些／将它在言辞中抹去的人／用装甲拳头[2]写下的学舌的鬼画符！"（I, 278）在《巴黎哀歌》（即《小屋之窗》的雏形）的残篇里，我们还可以看到这样的文字："并宣称在那杀戮的岁月里／曾是被谋杀者中的一员"[3]。黑白颠倒的时局深深刺伤了策兰：人们否认幸存牺牲者言辞的真实性；而另一些人与曾犯下罪行者沆瀣一气，对于他们的"清结文学"，大众赞赏有加，他们被授权充当牺牲者的代言人。

有一件事特别能够说明对幸存者的伤害究竟会达到何种程度，只是这种伤害并不总能拉近受害者间的距离：这便是保罗·策兰与奈莉·萨克斯间的交往。这位生活在瑞典的德语犹太女诗人生于1891年，与曼德尔施塔姆同年，1940年，她九死一生地逃离纳粹的迫害。她与策兰从1957年开始书信往来，双方都真心期望能够成为朋友，却未能如愿。起初，文字上的往来令他们惺惺相惜，两人对对方的诗作都颇为赞赏，特别是奈莉·萨克斯这位年长近三十岁的老者，对年轻的"兄弟"表达了特别的爱意和敬重。1959年10月，策兰愤怒地讲述了君特·布勒克对其诗集《语言栅栏》的鄙薄之论，这令她大为震惊，虽然她并未能真正理解他。对策兰而言，仇恨和轻蔑的感情并不陌生，而她则完全不同于策兰，在大屠杀后，她还代表着（也体验着）爱和宽恕之音，这几乎让人感受到了基督

---

[1] 诗歌原文为"他们，那些兴起它的人"，文中的"它"代指前面出现的"黑色冰雹"，"屠杀的"为传记作者自己添加的解释性说明。

[2] 装甲拳头（Panzerfaust）：在德语中是一种反坦克轻武器的名称，在此取其复合词的字面意思，将其译为"装甲（Panzer）拳头（Faust）"。

[3] ［*Die Niemandsrose*，图宾根版，页120。参见 Birus（1996）。］

的精神。她"在巴黎和斯德哥尔摩之间"看到了"痛苦和宽慰的子午线"。也许这样的说法深深触动了策兰[1]，一年后，"子午线"这个概念成为他在毕希纳获奖发言辞中的标题和核心观点。

1960年5月29日，奈莉·萨克斯前往博登湖边的梅尔斯堡（Meersburg）领取德罗斯特奖[2]，这也是她流亡后第一次重新踏上德国的土地。颁奖式的预备期间，策兰和萨克斯相会于苏黎世（同时也重逢了英格柏格·巴赫曼）。在被收入诗集《无人的玫瑰》中的数首诗里，出现了一些地名以及与之相关的重要资讯码。《苏黎世，鹳屋[3]》(*Zürich, Zum Storchen*; I, 214—215）便是其中之一。诗歌注明"献给奈莉·萨克斯"，行文中谈到了这次发生于圣母升天日的艰难相遇。文本中，策兰采用了玛格丽特·苏斯曼在《约伯之书与犹太民族的命运》中的说法，强调了自己"抱怨的"约伯姿态，以区别于奈莉·萨克斯的虔信态度。他甚至在交谈中挑衅地说，他"希望能一直渎神，直至死亡"，这让人不禁联想到唐璜（Don Juan）。[4]

苏黎世会面后不久，女诗人在巴黎拜访了策兰和他的家人。虽然其间言辞举止都显得颇为亲切，但这次会面还是让人感到不安。奈莉·萨克斯无法忍受策兰总是无休无止、不依不饶地谈论德意志联邦共和国境内的反犹倾向，以及加诸他的诽谤。这令她感到忧虑，既为这位朋友，也为她自己。回到斯德哥尔摩后，萨克斯的精神状

---

1 ［Celan-Sachs. *Briefwechsel*（1993），页25。］
2 德罗斯特奖（Droste-Preis）：1957年为纪念德罗斯特-徽尔斯霍夫（Annette von Droste-Hülshoff）而设立的文学奖项，奖励对象为以德语写作的女作家。
3 鹳屋（Zum Storchen）：位于苏黎世利马特（Limmat）河畔的一家旅馆，有着六百多年的历史，因屋顶的鹳巢而得名。
4 ［参见 Bollack（1994），页126。］

奈莉·萨克斯，1965年。

态急剧恶化，她因为过度臆想（她也在书信里对策兰提到此事）被送往精神病院。9月初，策兰忧心忡忡地乘火车远道赶往斯德哥尔摩，探望这位"姊妹"，但她没能认出他来，或者，她并不想接待他。接下来的几天，他们还在医院里见了几次面。一周的斯德哥尔摩之行后，策兰重返巴黎[1]。9月13日，他前往马丁·布伯在此地入住的旅馆，探访了这位他甚为敬重的人。策兰显然十分失望，因为布伯对他的困境不感兴趣，而且他也和那位斯德哥尔摩的朋友一样，对德国人采取宽恕的姿态。[2]

三年间，奈莉·萨克斯时断时续地住在精神病院里。虽然她和策兰间偶尔还有书信往来，虽然他们努力维持着亲切的语调，但依旧难掩疏离，尤其在策兰这方面。1970年5月初，奈莉·萨克斯听说了策兰自尽的消息；之后不久的5月12日，她也去世了。两位杰出人物希望能够相互靠近、相互帮助的努力最终失败。

---

1 ［参见 Briefwechsel（1993），页52—62以及《闸门》(*Die Schleuse*，全集Ⅰ，页222）。关于此行的最后线索出现于1998年12月6日埃里克·策兰的书面文字中，其说法与保罗·策兰1960年9月2—6日的记载一致。］
2 ［参见 Lyon（1989），页195。］

巴黎 II

第七章

"……一粒呼吸结晶，/你不容辩驳的/见证"

1963—1967

第八章

"……说，耶路撒冷它在"

巴黎 1968年5月—以色列 1969年10月

第九章

"……我定是日益向着我的深渊坠落下去"

1969年末—1970年春

第七章 "……一粒呼吸结晶，／你不容辩驳的／见证"
1963—1967

八年间，保罗·策兰成了知名诗人。名誉随着《罂粟与记忆》的出版而来，凭借着格奥尔格·毕希纳文学奖登峰造极。早在1952年，策兰就因《语言栅栏》成了大名鼎鼎的费舍尔出版社的作家，那时他刚开始担任巴黎高等师范学院（École Normale Supérieure）德语语言文学教师的职位。接踵而至的还有其他赞誉：1962至1963年，入选西柏林艺术学会（West-Berliner Akademie der Künste）（他拒不接受）；1964年，获得了北莱茵-威斯特法伦州艺术大奖（Große Kunstpreis des Landes Nordrhein Westfalen）；只要供稿，最好的文学杂志，特别是《新评论》，就会优先刊印他的诗作；只要他愿意，便可以于1960年获得法兰克福大学的讲师职位——因为他表示希望"在十六年的巴黎生活之后还能［……］有机会生活于纯德语的环境"。而后，在1964至1965年间，戈特弗里德·贝尔曼·费舍尔[1]聘请他出任出版社的德语文学客座编辑，并提供了不菲的薪酬。同年，策兰从福特基金会（Ford Foundation）获得资助，可以在柏林驻市一年。但无论是法兰克福还是柏林，最终都没有了下文。[2]

策兰在公众中的声名日渐增长，然而他对于现实的感受及其精神状态完全相反。他不愿接受那些颇具吸引力的职位。人们也许会想，既然有了联邦共和国文学团体里的那些恼人经历，诗人一定会在巴黎获得更加强烈的归属感，可是事实并非如此。1962年，策兰写信给生活在切尔诺维茨的旧日好友古斯特尔·肖梅（两人刚恢复联系），告诉他，在这"现在已无所寄望、常显得如此无情"的巴黎，他自己是多么怀念布科维纳的"已失与未失"（Verloren-Unverlorenen）[3]；他仍旧觉得自己是"陌生人，不受欢迎"（Ⅰ，188），他仍一如既往地觉得自己带着"东方的"印记，丝毫没有"变得更西方一点"[4]。他的生存之地曾是"这最辽阔的 / 王国，这无边的内韵 [……] / 语言的天平，词语的天平，故土的天平 / 流亡"（Ⅰ，288）。于是，最老旧、最遥远的友谊在瞬间成为最亲切的东西：那便是与切尔诺维茨和布加勒斯特朋友间的友谊。他们中有古斯特尔·肖梅，有在莫斯科的埃里希·艾因霍恩，有自1963年后便和其夫生活在杜塞道夫的埃迪特·西尔伯曼，还有在布加勒斯特的阿

---

1 戈特弗里德·贝尔曼·费舍尔（Gottfried Bermann Fischer，1897—1995），德国出版家，从岳父萨缪尔·费舍尔（Samuel Fischer）手上接管费舍尔出版社。1936年，他将费舍尔出版社一分为二：留在德国的部分便是后来苏尔坎普出版社的前身；另一部分则由其转移至奥地利，主要负责遭纳粹查禁的作家作品的出版。后来，他又携家人流亡至瑞士、瑞典、美国等地。

2 ［参见 *Briefwechsel mit G.B. Fischer*（1990），页652—654。］

3 ［引自"银马"旧书店（Die Silbergäule）的书籍目录。汉诺威，1996。］从客观看来，远居巴黎的策兰已不再拥有布科维纳的生活，但从主观看来，昔日的故乡生活一直留存于诗人的记忆中，从未离开。

4 ［1957年7月18日给Solomon的信（1981），页73。］

尔弗雷德·马尔古-施佩贝尔、尼娜·凯西安和彼得·所罗门。策兰一直未能与他们重逢，或者至多也只是偶尔相见。而也许也正因为此，这些友谊才得以延续，才能永保真诚。

在这些朋友中，策兰与彼得·所罗门的通信又显得格外密切。所罗门曾两度因为政治上的因缘际会中断了与策兰的联系：一次是1948年逃亡之后（直至1957年），另一次则是1958年到1962年2月。策兰并未因此对他心存芥蒂，1962至1963年间，他的来信反而显出了更多的信任、更加迫切了。他向所罗门讲述戈尔事件的同时，也能在这位朋友的面前坦言自己的错误与弱点。策兰于1962年4月这样写道，他很清楚，远远看去，自己所说的这些东西肯定"显得不实"，而将他袭卷的愤怒也可能使他自己的表述变得不太可信。1962年9月，他又说："我的情绪不过是我的情绪而已，它不听使唤了[1]——因为非常现实、非常客观的原因。"就在1963年12月，策兰又写信给所罗门，向他讲述一年前自己曾经历过的一次甚为严重的抑郁。[2]

保罗·策兰这里所说的是1962年底到1963年1月在巴黎精神病院度过的那段时光。1960年的非难以后，他的作品遭到严重质疑，策兰由此更加强烈地感觉到外界对他（和他作为作家个体）的抹杀。现在，他第一次无力在它们和他的日常责任间保持平衡。虽然无法看到策兰住院期间的资料，但我们可以断言，他没有器质性精神病变的迹象。在此，我们不可把器质性精神病及与生俱来的忧郁气质和敏锐感知力混为一谈。与忧郁和敏感如影随形的是策兰在诗歌方面的想象力和天赋，也许它们同时也是想象力与天赋产生的前提条

---

[1] 策兰在此承认，因为受其精神状况的影响，说了一些与本意并不相符的话。
[2] ［1962年9月5日给Solomon的信（1981），页76、78、80。］

件。是忧郁和敏感使策兰能够以诗人的身份，在记忆里保存和哀悼大屠杀中的遭际，这些经历足已使一个敏感如策兰般的生命终身沉浸于阴影之中不可自拔。不过，使策兰产生心理疾病，甚至最终促其自尽的，还不是那些悲伤的生命经历，而是一些被诗人视为旧纳粹反犹残余的经验，它们转入了精神层面，不再只是肉体上的斩尽杀绝。策兰对"新德国"的体验总是执着于此类趋向，对于其他那些反纳粹的政治文化瞬间，他却视而不见。如此姿态也许让人感到遗憾，然而这丝毫不会改变是谁、是什么引他走向了那条他自己并不易于规避的自我毁灭之路。

1963 到 1965 年间的几件事，又一次显示了这种典型的策兰式感知模式。作家的惊惶无措与烦恼如一道长链，从 1952 年开始于尼恩多夫后便似乎依着某种内在逻辑延续下来。1963 年 1 月，叶甫根尼·叶夫图申科的长诗《娘子谷》被译成多种文字，其中也有未经译者授权而收录的策兰译文。就在诗歌译本付梓之际，鲁道夫·瓦尔特·莱奥哈德[1]借《时代》（*Zeit*）周刊声明，33771 位犹太人在基辅附近的巴比雅山谷里"被俄国人射杀"；然而其实大家都很清楚，发生于 1941 年 9 月的这次集体处决是纳粹党卫军的作为。[2]策兰对此深感震惊；做这种事的总应该是"别的人"，而非本民族人。1964 年 3 月，因为女诗人、笔会里的女同事、曾为伊万·戈尔恋人的鲍拉·路德维希（Paula Ludwig），将 1960 年克蕾尔·戈尔的剽窃指控事件说成"犹太人的内部事件"，策兰退出了奥地利笔会，国际笔会主席弗里德里希·托尔贝格（Friedrich Torberg）也无法让

---

[1] 鲁道夫·瓦尔特·莱奥哈德（Rudolf Walter Leohardt, 1921—2003），新闻工作者，1957—1973 年负责《时代》周刊副刊部分。

[2] ［参见 1963 年 1 月 18 及 25 日的 *Die Zeit*。］

他回心转意。[1]

1964年5月2日,汉斯·埃贡·霍尔图森在《法兰克福汇报》(*Frankfurter Allgemeine Zeitung*)上发表了关于诗集《无人的玫瑰》的评论,在回顾《罂粟与记忆》的文章段落里,评论家提出批评,认为当时的策兰太过偏爱"超现实主义式的、醉心于随意性的第二格隐喻[2](如"时间的白发""死亡的磨坊""预言的白色粉末")[3]。15岁便与家人一起于1944年被流放至贝根-贝尔森[4]的文学评论家彼特·斯丛迪以读者来信的形式代朋友作答。他指出,在不久前的法兰克福奥斯维辛诉讼案中,是阿道夫·艾希曼[5]使用了"我让奥斯维辛的磨坊工作"的说法。斯丛迪指责霍尔图森力图"借助对随意性的责难,阻止人们回忆曾真实存在的东西"。霍尔图森在没有搞懂的情况下便愤怒做出反驳:被引用的三处隐喻出自策兰的诗歌《晚来深沉》(Ⅰ, 35),而这首诗"与奥斯维辛以及纳粹恐怖的主题毫无关联"[6]。《晚来深沉》中未加掩饰的诉说被霍尔图森所误读,这正醒目印证了斯丛迪的(同时也是策兰的)批评。

论战后的几周,策兰一家和彼特·斯丛迪一起穿过奥拉都尔村[7](1944年,村中居民被党卫军杀害),前往多尔多涅(Dordogne)会

---

1 [参见 Torberg: *Ges.Werke XII*, München/Wien, 1981, 页79—82。]
2 在德语中,名词与紧随其后的第二格宾语一般表示所属关系。
3 [1964年5月2日 *Frankfurter Allgemeine Zeitung*。]
4 贝根-贝尔森(Bergen-Belsen):纳粹时期的一个集中营所在地。
5 阿道夫·艾希曼(Adolf Eichmann, 1906—1962),纳粹高官、犹太大屠杀中执行"最终方案"的主要负责人,被称为"死刑执行者"。
6 [1964年6月25日 *Frankfurter Allgemeine Zeitung*。又参见 Szondi(1993),页162—168。]
7 奥拉都尔村(Oradour-sur-Glane):波尔多以北200公里处的一个法国小镇。1944年6月,溃退途经此地的德国军队在此进行了大规模的屠杀行动。当地村民几乎全部被杀,村中建筑遭焚毁。战后,该村以废墟的形式原貌留存。

见好友麦奥特·博拉克（Mayotte Bollack）和让·博拉克[1]夫妇。在献给博拉克夫妇的诗《佩里戈尔》（*Le Périgord*）中，策兰以其特有的方式将各种不同经历编织起来：自己刚完成的旅行、荷尔德林的1802年法国西南部之旅（这次旅行赋予诗歌《纪念》灵感）、奥拉都尔的杀戮，以及新近才发生的霍尔图森的误读事件。诗中这样写道：

> 一位远方的来者，你画上
> 各式各样的圈，也在此地，
> 也如此这般，那
> 烧得焦黑的你。[2]

作家的两难境地正在于：巨大的伤口一再开裂；在如此合乎逻辑的方式中，又有太多灾难的循环被一再缔结。一年后，赖因哈德·鲍姆哈德[3]联系阿多诺的说法对《死亡赋格》进行批判，认为它"已有太多对艺术的享受，太多对被艺术所'美化'的绝望的享受"，这批评也针对波勃罗夫斯基和其他一些人。同样地，策兰将此视为诽谤的又一次蠢蠢欲动。[4]和1959年一样，他仍以一首母亲之诗作答。这首诗也同样未被发表。诗中这样写道：

---

1 让·博拉克（Jean Bollack，1923—2012），法国哲学家、语言学家，著有《反文学创作的文学创作——保罗·策兰与文学》（*Dichtung wider Dichtung. Paul Celan und Literatur*）、《保罗·策兰——陌生的诗学》（*Paul Celan. Poetik der Fremdheit*）等书。

2 [参见 Gedd. Nachlass，页96、392—395 以及 Bollack（1993）。]

3 赖因哈德·鲍姆哈德（Reinhard Baumgart，1929—2003），德语作家、文学评论家。

4 [参见 Reinhard Baumgart: *Unmenschlichkeit beschreiben. Weltkrieg und Faschismus in der Literatur.* 见 Merkur 19（1965），页37—50。又参见 R. Neumann（1966）中策兰嘲讽的回答，页32—33。]

他们将你

写到刀前,

文雅优美,用左派的尼伯龙根式的语言……

高超地,用德语,

人性而又人性的,不是

深渊般不可测地,不,是浅草般地[1]

1966年6月,策兰与费舍尔出版社的决裂,应该也发生在这样的背景下。从1958年起,策兰与出版商戈特弗里德·贝尔曼·费舍尔和布里姬特·贝尔曼·费舍尔(Brigitte Bermann Fischer)建立了诚挚的友谊。戈尔事件中,这对夫妻也对策兰表示支持。策兰和克劳斯·瓦根巴赫(Klaus Wagenbach,在1959年底到1964年6月的这段时间里担任策兰的编辑)间的交往也同样充满信任。虽然他们在20世纪60年代早期曾有过摩擦,但总体来说,这位有过流亡经历的犹太出版商还是和作家保持着观点上的一致。现在,当策兰在经历了许多困境,向费舍尔出版社提出解约时,戈特弗里德·贝尔曼·费舍尔显得相当失望——而且冷淡。[2]

虽然不断遭遇类似令人不安的事件,但从1963年春到1965年春的这两年,还是他诗歌创作上的多产阶段,诗集《呼吸转点》中的大部分作品诞生于这一时期。1965年5月,策兰被迫再次进入精神病院,为期数周——就像莎士比亚笔下的李尔王一样:"脑子被

---

1 〔Gedd. Nachlass,页104。〕
2 〔参见 Briefwechsel mit G.B.Fischer(1990),页658—659;见 Szász(1988),页329—330;见 Baumann(1986),页43—44。〕

击伤——是半伤？还是四分之三？"[1]（Ⅱ，93）不过同年9月，诗人还是完成了整部诗集的写作。

1967年，《呼吸转点》由苏尔坎普出版社出版，诗集在策兰的作品占据着重要位置。从标题就不难看出，诗歌承接了1960年10月毕希纳奖获奖辞《子午线》中的诗学观念。在这篇获奖致辞中，诗人不断援引格奥尔格·毕希纳的作品（不久前，他在汉斯·迈尔的一场巴黎研讨会上才对此有了较为深入的了解），对"艺术"提出明确的批评，并将"文学"视为艺术的对立面。文中同时提到的还有帕斯卡（Pascal）、马勒伯朗士[2]、马拉美、克鲁泡特金、兰道尔、卡夫卡、本雅明和俄国哲学家列夫·舍斯托夫（Lew Schestow）。

在这篇发言里，"艺术"对策兰而言是（按照毕希纳的说法）一种偶人式的、[……]没有子嗣的东西，以"猴子的形象"出现，是由抽象的"唯心主义"所供养的"木偶"（皆是毕希纳的说法，被策兰所引用）；是一个由"机器人"和"日益精进的装置"而组成的世界，"脱离人性"是为之付出的代价。策兰特别将"文学"视为足以与"艺术"对抗之物，文学有着生动的、能"扯断"缚

---

[1] 在莎士比亚的《李尔王》中，主人公有台词曰："给我请几个外科大夫，/我的脑子受了伤（Let me have surgeons；/I am cut to th' brains）"。策兰转用了这一情景，借此表述自己的非正常精神状态。
[2] 马勒伯朗士（Nicolas Malebranche，1886—1956），天主教教士、神学家和笛卡尔主义的主要哲学家。他试图在宗教与哲学，奥占斯丁主义与笛卡尔主义间达成某种调和。

着人偶之"绳索"的"反话"[1]。这里的文学并不像戈特弗里德·本[2]所说的那样（"只存在一种相遇：在诗中/借助语言将物神秘地录下。"[3]），它的完成过程并非单个自我表现出的、具有个体与语言强势的、自说自话的行为，文学只能"在相遇的秘密中"实现，以对话的形式，作为发生在"我"与形式多端的"你"之间的交谈。当然，今天的作家总必须"在其此在的倾角下"写作。他的诗总得"念着他的资讯码"，念着写满杀戮的"（1942年）1月20日"及由此而来的一切。

这也意味着要摆脱一切传统而讨喜的在意义（Sinn）和价值（Bedeutung）上的投影，因为，奥斯维辛没有意义——原来没有，现在也不会有。这是颠覆、回首与转折的一刻，它大大超出了一切一般意义上的、荷尔德林或里尔克所说的颠覆（"你须要将你的生命改变"）。只有拒绝委身于一切传统的"艺术手段"，也拒绝委身于崇高的美学或所谓的"纯艺术"，只有证明"一切的比喻和隐喻皆属荒谬"，今日之文学才能适用于如此特别的历史时刻，才能做到对"荒谬陛下"的效忠。由这样的否定出发，也只有由这样的否定出发，文学才有可能重获生命：文学作为"呼吸，这意味着方向和命运"。只有做好如毕希纳笔下的伦茨一样"头朝下的行

---

1 反话（Gegenwort）："Gegenwort"在德语中意思是"反义词"或"回答"，但从构词法上看，首码"gegen-"有"反抗、反击"之意，词干"wort"意为"词语、言辞"。这个词曾出现在策兰的《子午线》演讲辞中。诗人将"Gegenwort"定义为"挣断'绳索'的话，是不再向'历史的奥驾和仪仗老马'低头的话，这是一种自由的行为。这是一种举动"（Ⅲ，189）。

2 戈特弗里德·本（Gottfried Benn, 1886—1956），20世纪最重要的德语诗人之一。本与策兰在诗学观念上的主要区别在于：前者将诗歌视为个体的内心独白，后者则希望借助诗歌达成作者与读者间的对话；前者提出"双重生活"，认为人的生活状况不能反映人的本质，所写与所想并不一致，后者则强调曾经的生活经历应该对写作产生至关重要的影响，一再强调自己所写的都与真实直接相关。

3 [《诗》(Gedichte)。见 Benn: Ges. Werke 3, Wiesbaden, 1960, 页 196。]

走"的准备，只有做好了中断言说的准备，只有做好了"穿过可怖的沉默""丧失呼吸和言辞"的准备，才能到达这回首的一刻。"文学"，策兰这样说道，"它可能意味着一次呼吸的转点"（Ⅲ，187—202）。

按照经常被引用的西奥多·W. 阿多诺的说法，"在奥斯维辛"之后［……］诗歌写作"已变成了"不可能"[1]。这句话，策兰也知道。凭借着他在诗集《呼吸转点》书页的留白地带所做的论战式笔记，我们可以看到作家如何看待阿多诺（那时他已和阿多诺本人相识）的断言：

> 奥斯维辛后不再有诗（阿多诺语）。在这里，怎样理解"诗"这一概念？是一种狂妄，一种敢于从夜莺或乌鸦的视角来观察或叙述一个臆断推理式的奥斯维辛的狂妄。[2]

由此，策兰从他个人的角度对两种同样不合时宜的态度表示了抗拒：其一是如晚期浪漫派的伤感歌者一样平静地继续写作，就好像什么也没有发生；其二是幼稚地相信"有关"奥斯维辛是"可以讲述的"，也就是说可以通过某种方式的描摹使该现象得以展示。但是，面对着这"曾存在过的"，怎样的语言方可胜任？为了找到问题的答案，从1940年代中开始，策兰做了各种尝试，而这些尝试显得越来越迫切，其中最明确的便是舍弃"美的诗"而改用"灰色的语言"。

---

1 ［Kulturkritik und Gesellschaft. In: Prismen. Frankfurt a.M. 1955, 页31。］
2 ［引自 Gellhaus（1995），页55。］

第七章 "……一粒呼吸结晶，/你不容辩驳的/见证" 173

在这样的探寻中，毕希纳获奖辞和诗集《呼吸转点》起到了相当大的推动作用。《子午线》尖锐地讨论了，在"纯"艺术与反人类罪行间，只存在着可怕的一步之遥（第一次涉及这一话题是在《死亡赋格》）。演讲末尾展现了诗之悖论：诗在言说的同时，也对自身的不可能性，对自身的无处可归做出反省。这样的悖论出现于"乌托邦的光芒之中。——那么人呢？那么造物呢？——在这光芒中"（Ⅲ，199）。

早在《图宾根，一月》一诗中，策兰就清楚地谈到，在如此的"深渊"经历面前，诗歌表现出了怎样的不可能性。诗的灵感源于1961年1月策兰的图宾根之行。面对"对漂浮着的荷尔德林小楼［它在内卡河（Neckar）中的倒影］的/回忆"，文本引用了荷尔德诗句："一个谜乃是纯粹的/起源物。"现在，在世界史的一月，我们再也不能用这种语言进行言说：

来呀，
来一个人，
让一个人来到这世上，在今天，携着
先祖的
光的钥匙之齿[1]：他可以，如果他要言说这个
时代，他

---

[1] 光的钥匙之齿（Lichtbart）：该词由"Licht"（光）和"Bart"构成，后者有"钥匙齿"之意，又有"胡须"之意。在德语中，表示"照明、照亮"意思的动词也常有"使领悟、使明晰"的意思，如："lichten"（照亮、亮起来；事情越来越清楚明朗）、"erleuchten"（照亮；使突然领悟）等。此处的"Licht（光）"应是能够给人希望、可能促成交流的元素，而当"Bart"被解读为"钥匙齿"时，它也就具有能够开启密闭之物的能力。基于这种意义上的呼应，译者在此取"Bart"较为不常用的词义"钥匙齿"。

> 只
> 可以咿咿呀呀啊咿咿呀呀，
> 常常，常常，
> 不断不断
> （"帕拉克什。帕拉克什。"）（Ⅰ，226）

也就是说，在"深渊边缘的言说，在乌托邦之光中的言说"，只能是一种断断续续的言说，只能是结结巴巴和"咿咿呀呀"（lallen）。在诗歌的最后一行特别使用了一个令人困惑不解的词"帕拉克什。帕拉克什。"（Pallaksch. Pallaksch.）——疯癫的荷尔德林在说话中很喜欢用它，这是一种为现实的疯狂作答的语言，摆脱了常见的意义归属和功用性的使用方法，它自身也同样显得疯狂。如此这般使回首和"呼吸转点"得以实现，这样的做法可以被理解为"自由之举"（Ⅲ，189），但它同时又意味着可怕的缺失：由字面之意上的有意义到无意义。"曾经的解读现在只不过是一枚旧币[1][……]是分文不值的偶然的铜板。"[2]——贝恩哈德·博申斯坦（Bernhard Böschenstein）的这一提示有助于我们理解策兰的一首晚期诗作（该诗也援引了荷尔德林），诗的结尾处这样写道：

> 从博彩的签筒中落下
> 我们的旧币　（Ⅲ，108）

---

[1] 在德语中，"解读"（Deutung）一词的前半截即意为"旧币"（Deut），一种荷兰的古代铜币。

[2] ［Böschenstein（1988），页259。］

第七章 "……一粒呼吸结晶，/你不容辩驳的/见证" 175

诗集《呼吸转点》与其后的诗歌都置身于这"已不再"（Schon-nicht-mehr）和"仍旧-还"（Immer-noch）的对峙之间。对于自己在维也纳写下的诗集《骨灰瓮之沙》中也许太过如"大师般高明的"开头，策兰报以明确的否定态度：

不再有沙之艺术，没有沙之书，没有大师。

没有什么将骰子投掷。多少
哑者？
十又七。
图宾根的内卡河河畔与"漂浮着的荷尔德林小楼"。

你的问——你的答。
你的歌唱，他知道什么？

深藏雪中，
　　　罙藏彐中，
　　　　　木臣彐。[1]　（Ⅱ，39）

在呼吸的停滞与回转之后，语言的崩塌替代了沙之艺术，替代了骰子间的抉择，语言化作结巴与咿呀，语言几乎蜕变为沉默。语

---

[1] 在诗的最后一节里，句中语汇的紧缩现象表现逐步加剧：第一诗行中间的空格被取消；第二诗行应是第一行诗句的重复，但词首的辅音字母被抹去，词与词叠合到一起，句子的面目开始变得模糊，原本具有的表义功能逐渐含混；第三诗行仅由三个单母音组成，只有凭借着过渡性的第二诗行才能艰难看到它们和第一诗行中三个词的依稀对应。

言在此走了一条通向减缩（而非僵死）的道路，同样，诗中的景象也有所改变，譬如，《呼吸转点》的第一组组诗《呼吸结晶》[1]。夏季和"雪"同时出现在组诗中的第一首诗里。随后，二十多首诗层层渐进地将我们引入冬之景象，引入由冰雹和雪、冰川和冰所构成的冬之景象。组诗中的大部分诗篇都具有诗学的维度，都昭示着探求正确语汇的斗争过程——这也是言者与已被损毁的语言，与曾在政治、日常生活和艺术上"作过伪证的"语言间的对抗：

上面
反造物的
汹涌暴民：他们
升起旗帜——摹写之像与残余之像[2]
空洞地交错，依时而变　　（Ⅱ，29）

组诗结尾的诗篇好像一部宣言，昭告着在"呼吸转点"中和"呼吸转点"后的新的言说：

磨蚀
在你语言的射线风中
这斑斓的闲话
由曾经的经历堆积而成——这生有百条

---

[1] 在1967年出版的诗集《呼吸转点》中，各组诗并无单独的名字。所谓第一组组诗的名字《呼吸结晶》源自1965年秋出版的精装本诗集，其间收录了《呼吸转点》中的第一组组诗与妻子吉赛尔的八幅铜版画。
[2] 当人眼对一个色彩凝视一段时间之后，如将视线转移至其他没有色彩的平面上，就会产生这个色彩的补色虚影，此即余像，或曰残像。

舌的我的

诗，非诗的诗　（Ⅱ，31）

在来到"好客的/冰室和冰桌"后，诗歌结束了：

深藏

在

时间的裂隙，

在

如蜂巢的冰间

等待着，一粒呼吸结晶，

你不容辩驳的

见证　（Ⅱ，31）

这些诗中的语汇奇特而引人瞩目——通过上面短短的引文便可见一斑。除了玛格丽特·苏斯曼的犹太思想财富以及其他常见的文学引用（如里尔克的《致奥菲斯的十四行诗》），作者还大量使用了地质学和地理学手册中的专业术语，它们在隐喻上的丰富性，特别是那些复合而成的名词吸引了他；在它们那里，策兰找寻到了与无生命的非生物界间的关联，对此，他的诗歌无法表示沉默。当然，最重要的还是一些诸如"被腐蚀掉""冰室""忏悔者之雪"这样的语汇在进入诗歌后所出现的语义上的转向。[1]

这些年里，妻子吉赛尔抽象的铜版画（总是用黑灰二色印在白

---

[1] ［参见 Gellhaus（1993a），页 58 及下文。］

保罗·策兰和吉赛尔·策兰-莱斯特朗热在她的画展上，汉诺威，1964年。

底上）激发了策兰的灵感。没有这样的启发，我们很难想象组诗《呼吸结晶》（它在诗集《呼吸转点》和策兰的所有作品里都堪称上品）的诞生。1965年3月29日的一封信里这样写道：

> 在你的雕版中，我又认识了我的诗，它们走进它们，
> 为了在它们中驻留。[1]

开始时，策兰为吉赛尔的这些版画拟定标题，同时，版画又给了他的许多诗以灵感。1966年4月，巴黎的歌德学院以《呼吸结晶》为题，联合展出了策兰的诗和他妻子的雕版画。同年，诗歌和版画

---

1 ［引自 Christoph Graf Schwerin：*In die Rillen der Himmelsmünze das Wort gepreßt*。见1990年3月20日 *Die Welt*。］

的精装合印本付梓。1968年，第二组组诗问世，后于1969年以《黑关税》(*Schwarzmaut*)为题出版并沿用了《呼吸结晶》的装帧模式。后来，这些诗被收录进《光之迫》(*Lichtzwang*)[1]。这本新的共同创作的书籍让我们看到，策兰虽然于1967年11月由家中迁出，但他与妻子间的亲密联系并未就此终结。在《呼吸结晶》中有四行被放在括弧中的韵体诗，我们由此可以想见1960年代时，保罗·策兰与吉赛尔·策兰间的关系：

> 我识得你，你是那深深俯身的女子，
> 我，被穿透的，臣服于你。
> 那个为我二人作证的词，它在何处灼灼发光？
> 你——非常，非常真实。我——非常疯狂 （Ⅱ, 30）

在策兰语言蚀刻的"射线风"中，《呼吸结晶》中的那些诗诞生了。它们与吉赛尔·策兰-莱斯特朗热的版画表现出惊人的相似姿态。这些词句似乎是由铜针在铜板上蚀刻而成，而整个文本也确实会让人联想到金属板上的印迹。雕版上，由酸液腐蚀而成的线条清晰显现——这是生之彼岸的符号和形象，生命的缺失在此显露；这是吟唱于"人之/彼岸的歌"。

上文是诗《线之太阳》(*Fadensonnen*)中的诗句（Ⅱ, 26）。后来，创作于1965年9月到1967年6月间的整部诗集也使用了这个

---

[1] 1969年春以精装本形式单独出版的诗集《黑关税》收录了诗集《光之迫》中的第一组组诗与妻子吉赛尔的十四幅铜版画。与之前被冠名为《呼吸结晶》的组诗一样，该组诗被收入诗集《光之迫》后，并未保留原有标题。

名字——"线之太阳"。"佩繸[1]之线,意义之线,由 / 夜之胆汁编结而成 / 在时间之后"(Ⅱ,88),这线由诗集《呼吸转点》伸向新诗集《线之太阳》。如果说,1960 年的《子午线》还释放着希望,

---

[1] 指犹太教徒佩在裤腰或缝缀于祈祷披巾的繸子或穗饰,用以时刻提醒信徒奉守《摩西五经》,尤其《塔木德》所规定的犹太戒律。

还让人觉得有可能成功达成"对话",充满生机的人和人还有可能在"呼吸转点"中"相遇",那么,在这些新的诗歌中,这样的信号已愈来愈难觅见。"仿制的／寒鸦／吃着早餐。//喉头爆破音／在吟唱"(Ⅱ,114),诗句接着卡夫卡的影射[1]道出了诗人的病与沉默。当然,这不是听天由命、无话可说式的沉默。保罗·策兰的"坚持,在空中伤痛纪念碑的／阴影里"仍体现着抗争,即使这可能是一种"不代表谁也不代表什么的坚持",即使这里"也没有／语言"(Ⅱ,23)。甚至那些咿呀与鸡鸣,甚至那最终归于沉默的话也是"反话"。

病痛和不断住院的经历越来越明显,越来越频繁地出现于诗中。从1965年11月直至1966年6月,策兰一直需要待在巴黎或巴黎近郊的精神病休养所。治疗是粗暴的,精神方面的药剂和电休克疗法是其中的主要方式。在这段时间,产生了附有生动标题的组诗:《黑暗侵入》(*Eingedunkelt*)。半年多后,因为严重的心理危机,策兰必须于1967年2月重新进入一家巴黎医院,治疗一直持续至5月。之后,他没有重返家人的住所,而是继续待在医院里;巴黎高等师范学院的办公室也常成为他的夜宿之所。1967年秋,与家人的分离已成定局——不是因为夫妻间的感情变得冷淡,而是因为对于自己和妻儿而言,作家都已成为一种巨大的负担,有时甚至还是一种危险。1967年11月23日,策兰47岁生日时,他迁入了自己在拉丁区的一处公寓,这里离他的工作地点巴黎高等师范学院很近。在近一年的时间里,都没有太严重的心理危机出现。然而,他肯定是有问题的。久未谋面的朋友在重逢之时都倍感惊讶,他不仅愈来愈阴郁,而且身体也明显衰弱了许多。彼得·所罗门就有过这样的体会。

---

[1] 在捷克语中,"卡夫卡"的意思即"寒鸦"。

1966年11月，两位好友在阔别近二十年后重逢于巴黎。很快地，旧有的兄弟般的信任感再度出现，但所罗门知道（尤其在1967年6月的第二次探访后），他的这位朋友已病得不轻，而且深受病痛的威胁。[1]

住院间隙，策兰还积极从事他颇为眷恋的德语语言文学编辑工作，并前往德国和其他地方朗诵作品或访问。虽然作家越来越倾向于谨慎、"间歇式的交往"[2]，但还是出现了一些新的友谊。即使在1960年代，认为策兰完全处于孤独之中的看法也与事实不符。这些友谊中，有很大一部分源于翻译同时代法语诗人的作品而进一步产生的私人交往（1963年，策兰的"俄罗斯阶段"几乎已经全面终结）。1966年，策兰为费舍尔出版社编选亨利·米肖作品集（同时也翻译了他的部分作品），同时认识了一些他所敬重的作家，进而与之成为朋友。此外，与策兰较为亲近的还有来自埃及的犹太哲学家爱德蒙·雅贝、莫里斯·布朗肖[3]（策兰应该不知道他早年所写的反犹册子），1968年，经彼特·斯丛迪介绍认识的雅克·德里达（Jacques Derrida），还有安德列·迪·布歇[4]、雅克·杜潘，让·大卫[5]，以及贝克特的译者，同在巴黎高等师范学院工作，后来接替策兰的工作成为德语编辑的埃尔玛·托佛文[6]。显得尤为重要的是作家

---

1 ［参见Solomon（1982）。］
2 ［Baumann（1986），页88。］
3 布朗肖在1930年代曾接纳极右派意识形态，积极参与极右派报刊工作。虽然，作家的思想随着集中营真相的揭露不断向左派转变，但曾经的极右派立场一直为人所诟病。
4 安德列·迪·布歇（André du Bouchet，1924—2001），法语诗人，曾与策兰互译过作品。
5 让·大卫（Jean Daive 1941— ），法语作家，曾与策兰互译过对方的作品。
6 埃尔玛·托佛文（Elmar Tophoven，1923—1989），德国文学翻译家，翻译过大量英语、法语、荷兰语的文学作品。"二战"后长居巴黎，开始时在索邦大学担任德语教员，后来接替了策兰在高师的职位。

与古语文学家让·博拉克以及战后曾工作于犹太救助机构，20世纪60年代供职于洛夫特出版社[1]和巴黎《明星》[2]办公室的艾德蒙·路特朗（Edmond Lutrand）之间的亲密友谊[3]。后者坐落于卢瓦河（Loire）边的达姆比爱尔（Dampierre）之屋，是策兰在生命的最后几年常常造访的地方，诗人曾在那里进行诗歌写作。

亨利·米肖，1959年。

另外，作家与生于布拉格的犹太人弗兰茨·乌尔姆[4]（他的父母亡于奥斯维辛）生出了一段非常特别的友谊。乌尔姆在英国度过了自己的青少年时代，1949年移居苏黎世。他在电台工作，工作之余也写作诗歌。对策兰的生平及其作品进行研究时，二者在1963到1970年间持续不断、内容深入的通信便是最具启迪意义的文献之一。他们谈论双方的诗歌和翻译（乌尔姆也翻译过夏尔、瓦雷里以及莎士比亚的作品），策兰在与乌尔姆的交往中又重拾起曾和彼得·所罗门进行过的语言游戏。1967年秋，策兰与乌尔姆在提契

---

1 洛夫特出版社（Rowohlt Verlag）：德国出版社，1908年创立于莱比锡，1919年重建于柏林，1945年重建于斯图加特。除了高品质的文学书籍，该社也是德国最老的袖珍书出版社，"洛洛洛"（rororo）袖珍书系列是其重要的出版支柱之一，"洛洛洛"这个名字甚至曾被视为袖珍书的代名词。本传记即此系列之一。
2 《明星》（Stern）：德国周刊，创刊于1948年，是欧洲最重要的周刊之一。
3 ［Baumann (1986)，页90中认为，1967年7月6日以巴战争期间，路特朗作为自愿卡车司机投入了战斗。这一说法并不正确。］
4 弗兰茨·乌尔姆（Franz Wurm, 1926—2010），诗人、作家、翻译家，生于布拉格，1939年移居英国，1949年迁往苏黎世。

诺州[1]的特格纳（Tegna）驻留，在此期间，两人变得更加亲密了。1967年9月，乌尔姆还将生理心理治疗师摩西·菲尔邓克莱（Moshé Feldenkrais）引荐给巴黎的策兰，但他对作家的情况也无能为力。

这些年里，与文学评论家们的交往也变得越来越重要，譬如，巴黎的克劳德·大卫（Claude David，吉赛尔·策兰-莱斯特朗热曾做过他的秘书）、一直在汉诺威教书的汉斯·迈尔、日内瓦的贝恩哈德·博申斯坦。而其中最重要的便是瑞士的日耳曼学者贝达·阿勒曼[2]，策兰曾托付他在其身后出版自己的作品，1966年12月，奈莉·萨克斯获得诺贝尔文学奖时，策兰还与他一同在巴黎组织了一场作品朗诵和报告晚会。1964年，策兰结识了年轻的日耳曼女学者吉泽拉·狄士纳[3]，她以奈莉·萨克斯的作品研究为题获得了博士学位。直至策兰去世，两者都一直保持着"断断续续"但也相当亲密的交往。

1967年，保罗·策兰两度遭遇他曾经向往，却又令他困扰、使他惊惶的东西，因为它们都让他

艾德蒙·路特朗在达姆比爱尔，1964年。

---

1 提契诺州（Tessin）：位于瑞士南部，属于瑞士的意大利语区。
2 贝达·阿勒曼（Beda Allemann，1926—1991），著名日耳曼学者，曾任教于多所欧洲大学，本传记中策兰诗文即引自阿勒曼等人主编的五卷本《策兰文集》。
3 吉泽拉·狄士纳（Gisela Dischner，1939— ），文学研究者、作家、汉诺威大学教授。

强烈忆起纳粹的过往。这一年7月,他碰到了马丁·海德格尔,接下来的12月又在柏林逗留数日(到那时为止,他还只去过柏林一次,那是在1938年11月10日前往巴黎的途中)。保守看来,在1948年待在维也纳的半年时间里,通过与英格柏格·巴赫曼的交谈,策兰已经对海德格尔的作品有了一定了解;巴赫曼最终以他(按照她自己的说法,"以反对他")为题写作了论文《对马丁·海德格尔存在主义哲学的批判接受》,从而取得博士学位。从1952年起,策兰开始定期购买和阅读这位弗莱堡哲学家的著作,他曾仔细阅读过《存在与时间》(*Sein und Zeit*)、《形而上学导论》(*Einführung in die Metaphysik*)、《林中路》(*Holzweg*)以及其他一些论及诗人(从荷尔德林到特拉克尔)的文章。策兰当然十分清楚,海德格尔曾全力为纳粹工作过,他曾是国社党[1]的成员,1933年春被选为弗莱堡大学的校长,在他有关"德国大学的自我主张"的就职演说中曾以纳粹式的措辞,提出了"知识服务"[2]的要求,还做过一次纪念"纳粹烈士"莱昂·施拉格特[3]的发言。1945年之后,他的内心世界并无转变,其所作所为更多的是一种成功的"生存策略"。[4]

那么,究竟是什么如此强烈、如此持久地将策兰吸引在海德格尔身边呢?海德格尔对于德意志诗歌中的"大主教"(引用布莱希特的说法)——即荷尔德林——有着特别的偏爱,并随之认为,面

---

[1] "德国国家社会主义工人党"的简称,又被称作"纳粹党"。

[2] "知识服务"(Wissensdienst):1933年,海德格尔加入纳粹党并当选为弗莱堡大学的校长。他在就职演讲中指出德国大学的目的是"教育和训练德国人民命运的领袖和卫士",主张大学的三根支柱分别是"劳动服务、军役服务、知识服务"。这些纳粹式的表述使其饱受诟病。1934年,海德格尔辞去校长一职,但未曾退党。

[3] 莱昂·施拉格特(Leo Schlageter,1894—1923):魏玛共和国时期为反抗法国在鲁尔区的统治而牺牲,死后被奉为民族英烈。第三帝国时期,纳粹更是出于政治需要,将其宣传为"纳粹烈士"。

[4] [Georg Steiner: Heidegger, abermals. 见Merkur 43(1989),第480期,页94。]

对着这个无神的世界（对存在的忘却便是其标志），（只有）文学才能道出本质的和终极的东西。这样的想法一定让策兰觉得亲近。策兰也相信洛维特[1]在考察海德格尔时称为"无神的神学"的东西。[2]此外，海德格尔在哲学探究过程中令其他人反感的东西也吸引着策兰，这便是——他的语言。不过，我们猜想，策兰从未完全明白是什么将他与海德格尔截然分开，即海德格尔的"非-人本主义"（A-humanismus）。海德格尔无意构建某种伦理，他的哲学探索真正建立在"善与恶的彼岸"。[3]他在第三帝国的所作所为基于此，他之后的冥顽不化亦基于此。策兰用了十多年的时间才能将海德格尔著作对他的吸引和海德格尔本人相区分。对于后者，策兰的态度甚为批判。1959年，海德格尔表示希望策兰能够为他的70岁生日作诗致庆，但遭到诗人的回绝（英格伯格·巴赫曼也拒绝了同样的请求）。

1967年夏天，策兰受日耳曼学者格哈德·鲍曼[4]之邀前往弗莱堡。他想必十分清楚，此行将与海德格尔相遇。他知道，此人读过他的诗集，而且对诗集评价颇高。在弗莱堡大学的大讲堂，策兰在近千人面前朗诵自己的作品——对于策兰而言，这样的听众的数量已显得颇为可观——而海德格尔就坐在第一排。第二天，两人相约前往哲学家在高地黑森林的小屋郊游，僻静的小屋就坐落在托特瑙贝格

---

1 洛维特（Karl Löwith, 1897—1973），德国哲学家，海德格尔的弟子，专长于尼采、海德格尔及历史哲学的研究。
2 [Löwith: *Mein Leben in Deutschland vor und nach 1933*, Frankfurt a.M., 1989, 页30。]
3 [参见 Steiner, 页95 及101。]
4 格哈德·鲍曼（Gerhart Baumann, 1920—2006），德国日耳曼文学学者、弗莱堡大学教授。

(Todtnauberg)村附近。[1]这一天,在马丁·海德格尔和保罗·策兰之间发生过或者没有发生什么?谈到了什么?又对什么表示沉默?虽然,近年来提供答案的文献资料越来越多,但大家对此还是莫衷一是。能够确定的是,策兰在小屋逗留期间将自己的姓名留在了来宾簿上,他写道:

> 进入小屋之书,看着井之星,
> 期盼着一句向我而来的心中的话。
> 1967年7月25日/保罗·策兰。[2]

几天之后,诗歌《托特瑙贝格》问世,作家将它寄给弗莱堡的海德格尔(后来它被收入诗集《光之迫》)。从表面上看,这首诗可被视为此次郊游的诗意速记稿:

> 金车花[3],小米草,那
> 井里来的清饮,带着
> 星星立方[4]在其上

——诗歌开头如是写道。然后,文本几乎原封不动地引用了策兰写在来宾簿上的话:"怀着一份希望,今日,/期盼着思想者/心

---

1 [一切参见Baumann(1986)。7月26日,在策兰朗诵会两天后,汉娜·阿伦特(Hannah Arendt)在同一地点进行了有关瓦尔特·本雅明的演讲,这是在15年后,她首次重遇海德格尔。]
2 [引自Krass(1997)。]
3 菊科植物的一种,有对生、单叶和顶部呈放射状的黄花。
4 在海德格尔小屋水井的井台上,有木刻的星形装饰。参见书中相关照片。

中 / 向我而来的 / 话"。与此同时,他还忧心忡忡地提出了一个有关来宾簿的问题:"谁的名字被收录 / 在我之前?"在这个问题之后,诗人用短短几句话描写了高地沼泽区的景色和回程中的情形。回来的路上曾有过一些特别的交谈:"粗鲁的,后来,在车上, / 明明白白"(Ⅱ, 255)。我们可以将这首诗看作对相遇的失望总结。这次相遇中,一位幸存的犹太人希望能从相遇的另一方,能从曾同谋共犯过的人那里获得或是解释或是道歉的话;无论如何,歉意应该是"一句向我而来的话"。可是他听到的只有"粗鲁的"——粗野的,原意为"残酷无情的"。也许,那只是一些说惯了的家常话。策兰在谈话中曾多次暗示,他期待着海德格尔的解释,但解释并没有出现。后来,在其他人面前(在法兰克福碰到的玛利·路易士·卡什尼茨、克劳斯·赖歇特[1]面前,以及在给弗里茨·乌尔姆的信里),策兰表示对这次会面的经过很满意。

可是,没有"一句向我而来的话",何来满意之说呢?对策兰知之甚深的让·博拉克,将策兰对这位曾与纳粹同路的哲学家的造访,解释为一次由策兰一手策划和导演的会面,是托特瑙贝格的"死者法庭"。托特瑙贝格让人想起"亡者之谷"和纳粹机构托特[2](曾参与乌克兰的死亡集中营)。在黄色的金车花近旁,诗歌中的"星星立方"暗示着犹太之星。"林中草地,不平整的,圆木的——/ 小道在高地沼泽里"变成了纳粹沼泽营及其墓地中的风景。简言之,沼泽中的远足是地狱之旅的舞台,是审判的舞台,在那里,有罪的

---

[1] 克劳斯·赖歇特(Klaus Reichert, 1938—),英语文学和语言研究教授,主要研究方向为文艺复兴和现代派;此外还翻译出版过一些现代及古典作家的作品。
[2] 在德语中,"托特瑙贝克"(Todtnauberg)与"亡者之谷"(Toten-Au)以及纳粹机构托特(NS-Organisation Todt)谐音,都在字形上暗藏了"托特"(Todt)一词。纳粹机构托特是与"党卫军""国防军"齐名的纳粹组织,主要由外国人组成,负责大型工程建设。

人被带上来，与他的罪行对峙。"对相遇的可能报以最大的信任"，乔治·史坦纳（George Steiner）猜想，相见时策兰就已经预计到，"在这信任中所蕴藏的风险"[1]。而博拉克的观点则完全相反：策兰根本无意于真诚的会面或和解，他所希望的是经过斟酌的清算，是对"曾经如此并仍旧继续的事情"的澄清。[2]

与大多数策兰研究者不同，博拉克认为作家的这种想法时常可见：在他和英格柏格·巴赫曼的失败关系中，在与那些心存和解的犹太人（如奈莉·萨克斯和马丁·布伯）的不成功交往中，甚至在对于死去的瓦尔特·本雅明的强烈抨击中。[3] 事实上，策兰行为中的这一元素至今仍为人所低估。当然我们也不宜将这一倾向绝对化，确切地说，只是在策兰生命的最后五年，这种无所不在的、令他烦恼的矛盾态度才表现得特别明显。正如许多朋友和熟人所证实的那样，"他的本我并不那么简单"[4]。如果他只是想与海德格尔进行清算，那么他为什么又在海德格尔小屋的留言簿上写下那些话？在1968年6月和1970年3月，为什么要再次在弗莱堡与海德格尔相见？1967年7月，为什么先拒绝与海德格尔合影，几分钟后又收回前言？此外，海德格尔于1968年1月30日（即纳粹当政三十五周年之际）写给策兰的一封信不久前被公之于众，他在信里感谢诗人送给了他"意料之外的大礼"（前面提到的那首诗）并认定：

在那之后，我们对很多事情都避而不谈。我想，在某

---

1 ［Steiner，页100。］
2 ［主要参见Bollack（1998）以及Krass（1997，1998）。］
3 ［参见Bollack（1994，1998）。］
4 ［其中可参见Szász（1988）。］

一天的谈话中,其中的一些会摆脱这种不被言说的状态。[1]

此外,海德格尔还写作了一首名为《序言》(*Vorwort*)的诗,希望将托特瑙贝格当作某种形式的序曲。不过策兰并不知道这首诗[2]。"不被言说的""避而不谈的"东西并没有改变。

策兰在1967年12月16日至29日的柏林之行,也可以被解读为冥府之旅和亡者的法庭。在西柏林艺术学会的瓦尔特·赫勒尔[3]那里,在彼特·斯丛迪于自由大学的研讨课上,作家朗诵了自己的作品,并由恩斯特·施纳贝尔摄影留存。其他时候,策兰在被积雪覆盖的西柏林游荡(他显然没有想过要造访东柏林),陪伴他的有彼特·斯丛迪、玛丽斯·扬茨[4]、医生兼心理分析师瓦尔特·乔奇(Walter Georgi,1959年,策兰曾和他以及君特·格拉斯一起有过一次帆船会)以及其他一些人。在斯丛迪的陪同下,也是策兰自己的兴趣使然,诗人的城市观光主要集中于那些和德国暴力史有关的地方。

特别具有个人色彩的探访活动是重游安哈尔特火车站[5]废墟:1938年11月10日,诗人曾途经此地。诗《带着黄色窗上污迹的浅紫空气》(*Lila Luft mit gelben Fensterflecken*)所回忆的就是当时"纵火的一刻"(Ⅱ,335)。对于这一刻,早在1962年,策兰就在诗《城墙》(*La Contrescarpe*)中表示过缅怀(Ⅰ,283)。诗《你躺在》(*Du*

---

1 [引自Krass(1998)。]
2 [出处同上。]
3 瓦尔特·赫勒尔(Walter Höllerer,1922—2003),作家、出版人、文学评论家、文学研究者,西柏林艺术学会的成员。
4 玛丽斯·扬茨(Marlies Janz),20世纪60年代曾为导演助理与戏剧顾问,现为柏林自由大学教授、策兰研究专家。
5 安哈尔特火车站(Anhalter Bahnhof):位于现在柏林市中心的一处老火车站。"二战"中,近万人从这里出发,被流放至集中营。1945年,该站在空袭中被严重损毁。60年代,废墟被拆除,但留下了车站建筑的正面部分,以示纪念。

liegst）成了对德国恐怖史的失望总结。和《托特瑙贝格》一样，它也可以被读作参观和探究风光的速记稿。在策兰眼前出现了今天所说的"恐怖地带"[1]；这是一种对视，与造成创伤（这创伤不仅属于他，也属于这个国家）之地的对视：那里有"护城河"，罗莎·卢森堡和卡尔·李普克内西曾被抛尸河中；那里有普洛曾湖（Plötzensee）处决所中的"屠夫的钩子"，1944年7月20日事件中的那些男子曾被悬挂于此[2]；那里有"伊甸园旅店"，卢森堡和李普克内西遭害前被囚禁其中。然而在新德国的景观中，还有漂亮的圣诞市场，市场上还有"红色的苹果串子/来自瑞典"。而且，"屠夫的钩子"甚至还与"苹果串子"押韵。诗是这样作结的：

那男子变成了筛，那女子[3]
不得不沉浮于水中，母猪
为自己，不为任何人，为了每个人——

护城河不会发出潺潺的水声

---

1 恐怖地带（Topographie des Terrors）：在柏林中心区尼德克西纳街（Niederkirchner Straße）和安哈尔特街（Anhalter Straße）间的一片区域，"二战"中曾为盖世太保总部、纳粹党卫军中央司令部、党卫军安全局以及帝国保安总处所在地，文中所提到的"安哈尔特火车站"和"护城河"都在此附近。自1987年起，在此地开设了一个名为"恐怖地带"的露天展览，以再现当年曾发生于此地的血腥历史。
2 1944年7月20日，年轻的纳粹军官克劳斯·申克·格拉夫·冯·史陶芬贝格（Claus Schenk Graf von Stauffenberg）将一枚英式炸弹带入纳粹指挥总部"狼穴"的会议厅，计划暗杀希特勒。暗杀计划失败后，史陶芬贝格与其他三位策划者被捕枪决。在接下来的几个月里，共有数百人因牵连其间而被处死或自杀。被逮捕者被押往普洛曾湖处决处。在处决室里，横跨屋顶的钢梁上装着屠夫挂肉的铁钩，暗杀的共谋者被吊其上，遭凌虐致死。
3 这里的"男子"与"女子"分别指遭多处枪击身亡的李普克内西与被弃尸于护城河的卢森堡。

没有什么

停下。（Ⅱ，334）

彼特·斯丛迪是最早一批为策兰作品撰写评论文章的人，其论作品质也堪称上乘。他解密了这首"冬之诗"赖以为基础的素材和现实元素。不过，即使没有这些帮助，我们也可以明确看到：发生在另一个"1月"（1919年）的两桩谋杀并未激起"潺潺的水声"，并未引起人性的、革命性的起义。相反，"没有什么/停下"。斯丛迪评论道：

> 诗歌停下诉说，告诉我们，没有什么停下——没有什么停下，正是这使诗歌停下诉说。[1]

也许，最令人难以平静的东西就存在于语言的冷漠之中。透过冷漠的语言，我们还能窥见同样冷漠的历史："伊甸园"是曾经的乐土，甚至是人类幸福的乌托邦。在策兰这里，在诗歌的正中却出现了"一个伊甸园"。同一个词，所指的既是天堂之域，又是一家曾经历罪行的旅店，20世纪60年代之后，它还是一处时髦而奢华的所在。[2] "表达上的多义性"（Ⅲ，167）一直为策兰所痴迷，诗人也将此写入了自己的诗学理论，然而这样的多义性却也是冷漠的温床，一个销蚀了一切差别、销蚀了善与恶、销蚀了生与死的黑洞。

---

1 ［Szondi（1972），页134及113—125。］
2 ［同上，页123。］"伊甸园"是位于柏林市中心的一家旅馆，建于1911至1912年间，是柏林第一家带屋顶花园的旅馆。1919年，卡尔·李普克内西和罗莎·卢森堡被害于此。1951至1958年间，毁于战火的"伊甸园"被重建，成为柏林的知名豪华旅馆。

但是，如果真的是这样，策兰在语言方面的努力，以及他的诠释者彼特·斯丛迪所做的工作，这一切都没了根基。[1]

巴黎拉丁区护墙广场与小馆子"大酒樽"。

---

1 ［参见 Lämmert（1994），页 27—29 以及《冰，伊甸园》(*Eis, Eden*)。见全集Ⅰ，页 224。］

第八章 "……说,耶路撒冷它在"

巴黎 1968 年 5 月—以色列 1969 年 10 月

1967 年 11 月 23 日,就在策兰 47 岁生日那天,他由医院迁入一套属于自己的公寓,家具俱全。他在给乌尔姆的信里写道:

> 二十年的巴黎生活之后,我这个太过安定的漂泊者很高兴能再次撑起这样一顶,甚至有些可爱的大学生的帐篷。

简朴的工作室位于拉丁区杜纳福尔路(Rue Tournefort)。"Qui tourne(et tournera)fort?"[1] 这样的自问不只出于玩笑。[2] 重要的变化在于,在接下来的日子里,巴黎高等师范学院又重新成为他的生活中心,而且这样的改变不完全出于自愿。他会定期与儿子埃里克见面,其他时候,诗人的活动圈子主要集中于拉丁区,例如他常去的护墙广场(Place de la Contrescarpe)边的小馆子"大酒樽"(Chope)。

---

[1] 法语,意为"谁(将)急转弯?"。作家在此玩了个文字游戏,将杜纳福尔路的路名"Tournefort"拆分为"tourne"(转弯)和"fort"(急)两个词,以组合成句,暗指发生在现实生活中的重大变化。

[2] [Briefwechsel mit Wurm(1995),页 114。]

不过，他并未放弃与家人重新生活在一起的希望。1968年初柏林之行以后，策兰描述自己的状态：

> 我又看到那最逼迫的东西，看到了我的极限，我的不自由，我的无归属；我感到，一言以蔽之，相当痛苦，对我而言，巴黎是一种负担——我无法摆脱的负担，我知道。[1]

这样的情况一直延续到春天。在伦敦度过的三周复活节假期里，他见到了埃里希·弗利特，并因为以色列的问题与他产生争论。后来，1968年巴黎五月学运到来了。起初，这件事让策兰感到激动和充满希望，之后却又令他大为失望。而且，一道最终看来具有负面效果的"子午线"，将巴黎学运和1968年里其他一些具有时代意义的事件联系了起来：德国学生的抗议活动、布拉格之春，以及同年8月因为苏联军队的干预而造成的失败[2]。所有这些事件都关乎着威权政权和手无寸铁者之间的关系，都关系着在被奴役和获得自由之间的抉择。

这样的局面是策兰年轻时就曾为之奋斗过的，是曾在存在上打动过他的东西。他曾参与反法西斯的社会主义青年团集会，在那里学习马克思主义和无政府主义的理论著作。1940至1941年以及1944年间苏联对布科维纳的占领，特别是之后他亲身经历过的、布

---

1 ［同上，页124。］
2 "布拉格之春"是捷克斯洛伐克国内的一场政治民主化运动，开始于1968年1月5日。捷克共产党领导人亚历山大·杜布切克在国内政治改革的过程中，提出建立"带有人性面孔的社会主义"，苏联将此视为对其领导地位的挑战，认为这是对东欧地区政治稳定的一种威胁。同年8月20日，苏联及华约成员国武装入侵捷克，"布拉格之春"宣告失败。

加勒斯特转型为"人民民主"国家的经验，引发了他的怀疑，最终促成了他的逃离。从那以后，他再也没有踏入过任何一个东方阵营的国家，虽然他很想重回切尔诺维茨，很想探望生活在莫斯科的埃里希·艾因霍恩，也很想亲身体验一下弗兰茨·卡夫卡的布拉格。不过，这位"marxiste blessé"[1]（彼得·所罗门对他的称呼）[2]很清楚他的社会主义——共产主义理想与"被草草掩埋的十月"（Ⅱ，103），与"现实的社会主义"政体（尤其是斯大林主义）之间的区别。此外，诗人对曼德尔施塔姆的近距离解读，更坚定了这一立场；有时他甚至将自己和曼德尔施塔姆等同视之。与曼德尔施塔姆以及其他俄国诗人一样，策兰将"带有道德宗教印记的社会主义"作为自身信仰，对他而言，革命是"别样的开始、下层的起义、造物的奋起——一次简直是宇宙性的彻底变革"。在1789年后的许多政治革命中，策兰都能感受到类似带有明确"信徒色彩"[3]的革命瞬间：1871年的巴黎公社、1917年莫斯科的十月革命、1919年柏林的斯巴达克起义、1934年2月的维也纳工人起义、1936到1938年的西班牙内战。特别是西班牙内战，这次战争和它的"示播列"（Ⅰ，151），那句"No pasarán"的口号总被诗人一再提及，他将这件事和之前及之后一切激起他"vieux cœur de communiste[4]"[5]的事物视为一体（Ⅰ，270）。正如他一再强调的那样，他的希望存在于东方；之所以有这样的想法，当然也与那些不愉快的西方经历有关，与阿尔及利亚战争时的法国，主要还有联邦德国有关。1962年，策兰在给阿尔弗雷德·马

1　法语，意为"马克思主义的伤心人"。
2　[Solomon（1990），页58。]
3　[Mandelstam:*Im Luftgrab*, Frankfurt a.M., 1992，页75。]
4　法语，意为"共产主义者的旧日情怀"。
5　[1962年3月8日写给Solomon的信（1981），页65。]

尔古-施佩贝尔的信里这样写道："在这个德国马克的国度里，有些东西败坏了。"[1]他在此所指的是德国人为纳粹统治所做的种种开脱，它们存在于文坛，也存在于其他地方。

于是我们马上就能理解，夜半时分总喜欢在朋友中吟唱旧日革命歌曲的策兰，为何会以古斯塔夫·兰道尔的精神解读1968年的巴黎五月学运，为何要将他"信徒式的渴慕"完全植入其间。"La beauté est dans la rue"[2]或"La société est une fleur carnivore"[3]，诸如此类的标语想必是他心之向往的；对他而言，参与自己所在大学的罢工并加入示威游行显得理所当然。策兰曾骄傲地告诉弗兰茨·乌尔姆，在他家的街道上也设有街垒[4]。1962年，与诗人相识的巴黎高等师范学院日耳曼学者斯蒂芬·摩西（Stéphane Mosés）[5]曾在前往东火车站（Gare de l'Est）群众集会的路上与他偶遇。策兰情绪高涨，与周围的人手挽着手，同大家一起激昂地高唱着国际歌。然而人群终要散去，对此，策兰无法理解。他对群体的渴求超出常人，一如他的孤独。[6]不过，策兰的狂热并不持久。暴力，特别是警方的暴力，令他忐忑，各个左派政党和团体（尤其是亲莫斯科的法国共产党）的争斗让他不安。

此外，巴黎的经历还混杂着来自联邦德国的报导和印象。1968

---

1 ［1962年2月8日写给Margul-Sperber的信（1975），页56。］
2 法语，意为"美在市井之间"。
3 法语，意为"社会是一朵噬肉的花"。
4 ［1968年5月12日写给Wurm的信（1995），页149。］
5 斯蒂芬·摩西（Stéphane Mosès，1931—2007），文学研究学者，生于德国柏林，1937年随家人流亡法国，1969年移居以色列，1997年再度回到巴黎。他以自己的研究唤起了战后法国民众对德语犹太文学的兴趣。
6 ［1995年3月6日在耶路撒冷与斯蒂芬·摩西的谈话。］

年4月11日，卢迪·杜申科[1]被刺，身受重伤[2]。5月初，联邦德国大学生和联邦德国工会为反对紧急状态法，分别举行游行。在这些运动中，策兰自发对示威者表示了支持，不过，与此同时他也感觉到了气势汹汹的左派反犹太复国主义的迫近，对此，他只能理解为反犹主义在当代的变形。当他在新出版的洛洛丛书《学子的反抗》（*Rebellion der Studenten*）中读到卢迪·杜申科的文章《从反犹主义到反共产主义》（*Vom Antisemitismus zum Antikommunismus*）时，想必对这种不无独裁色彩的反独裁，感到了"深深的不快"[3]。

那么，来自东方的希望呢？策兰和弗兰茨·乌尔姆的通信告诉我们，诗人同情布拉格之春，看到这种对自由社会主义的迟疑探索被粗暴打破，他深感痛心。和计划在布拉格做较长逗留的乌尔姆一样，策兰也迷恋于"晶体管收音机"，因为"它令我难以释怀——它如此长久地占据着我"[4]。当已在布拉格生活了几个月的乌尔姆于1969年6月向他发出邀请时，他却不想前往"日益阴翳的捷克斯洛伐克"[5]。

1968年，策兰在巴黎、柏林、布拉格的三重希望——"别样的开始、下层的起义、造物的奋起"，变成了三倍的失望。该转变清楚地体现于同时期的一些诗中。在写于1968年8月21日（即苏联进驻布拉格的第二天）的《光杖》（*Leuchtstäbe*）中，具有尖锐讽刺意味的最后几行诗是这样写的：

---

[1] 卢迪·杜申科（Rudi Dutschke，1940—1979），联邦德国学生运动领袖，1968年4月11日在街上被一名青年工人枪击后负重伤。1979年因枪伤复发而去世。
[2] ［参见1968年4月14—15日写作的《马普斯伯利街》（*Mapesbury Road*），全集Ⅱ，页365。］
[3] ［1968年5月子虚乌有日写给Wurm的信（1995），页146—147。］
[4] ［1968年8月27日信，同上，页166。］
[5] ［1969年6月20日信，同上，页198。］

一只吸臂招来
满满一麻袋
中央委员会的决策的嘟哝,

粪水沟里上上下下
一览无余,清楚分明。　　(Ⅱ, 402)

同年 6 月 2 日,策兰写下了诗《给埃里克》(*Für Eric*)。这首诗是为刚满 13 岁、被所发生的一切所吸引的儿子而作,是对巴黎学运的总结。诗中充满了对刚刚经历过的"大历史"的怀疑:

小喇叭里
历史在挖掘,

坦克在市郊消灭毛虫,

我们的杯中
斟满丝绸,

我们站着。　　(Ⅱ, 376)

此前,策兰有时也会用一些诗歌证明,确切的时代历史事件、个人的政治党派倾向以及高度复杂的诗学有可能融合到一起。作于 1967 年 8 月、明确指向越南战争的诗《给一位亚洲兄弟》(*Einem Bruder in Asien*)便是如此。另外,早在 1967 年 6 月 7 日至 8 日就

第八章 "……说，耶路撒冷它在" 201

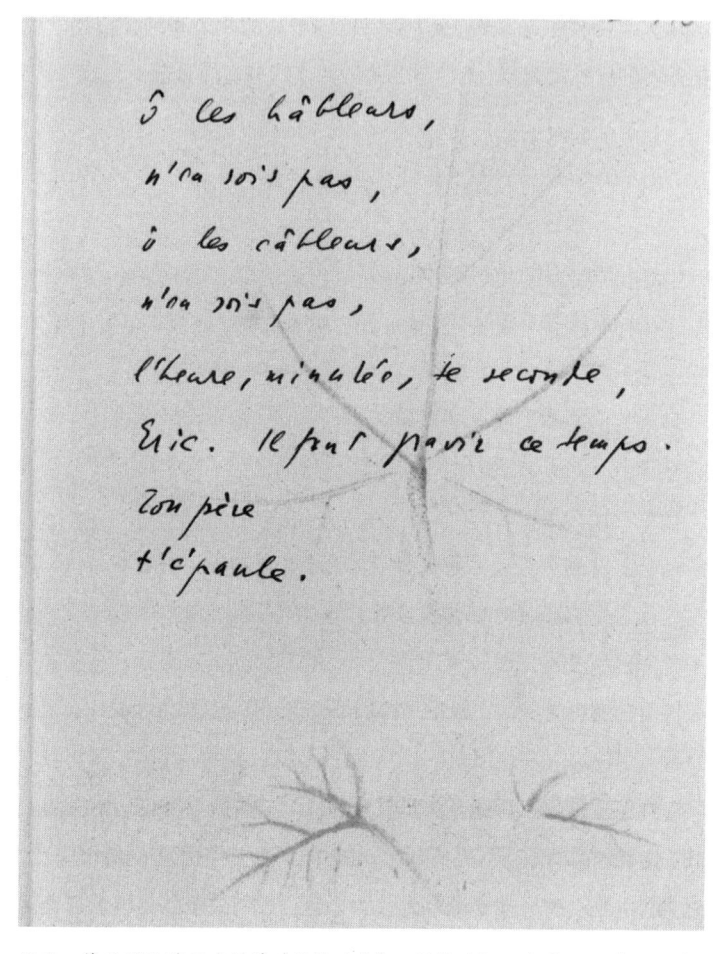

> ô les hâbleurs,
> n'en sois pas,
> ô les râbleurs,
> n'en sois pas,
> l'heure, minutée, te seconde,
> Eric. Il faut passer ce temps.
> Ton père
> t'épaule.

保罗·策兰写给埃里克的诗《给埃里克》。写作时间可能是 1968 年 7 月底。复制手稿。

已问世、表现对中东以阿六日战争印象的诗《你想想》(Denk dir)，惊人地好读易懂，它给了诗集《线之太阳》一个对未来几近乐观的结尾，而诗集本身又将1967年以色列士兵的斗争和纳粹沼泽营中被囚者的反抗视为"一体"。开头的两个诗节这样写道：

> 你想想：
> 马察达[1]沼泽的士兵
> 告诉自己何谓故土，以
> 最不可磨灭的方式，
> 对抗着
> 铁丝网上的一切蒺藜。
>
> 你想想：
> 没有形态的无眼者们
> 带你自由穿过熙攘杂乱，你
> 强壮起来呀
> 强壮起来。　（Ⅱ，227）

在第一稿里，诗的开头是这样的："你想想：/ 马察达沼泽的士兵 / 告诉你何谓故土"[2]。"自己"和"你"间的细微差别值得注意，它告诉我们，作家多么强烈地认为以色列人的战争就是为了自身存在而进行的斗争，他甚至将这斗争视为为自己赢得家园的过程。生

---

[1] 马察达（Massada）：古代以色列东南部、死海西南岸的一个山头堡垒。公元73年，经过历时两年的被围困后，吉拉德犹太教派成员集体自杀，最终也未向进攻的罗马人投降。

[2] ［参见2月8日的历史考订版，页246—247。］

活在切尔诺维茨的少年安彻尔，对父亲的犹太复国主义梦想抱持着几近无视的态度。和作家现在的表现相比，思想方式上的彻底转变显而易见。现在，对保罗·策兰而言，犹太的生活、犹太的身份首先化身为以色列国家的安全存在。1969年夏天，当他收到经自己努力而获得的希伯

保罗·策兰，约1969年。

来语作家协会的邀请时，上述观点在他看来还是毋庸置疑的。虽然怀着对自己的怀疑，他还是高兴地接受了邀请，于1969年9月30日飞往以色列。

这次旅行是策兰一生中的最后一次重大"转折"[1]。耶路撒冷，在他的生命中，是继切尔诺维茨和巴黎之后最重要的地方，它甚至排在布加勒斯特或维也纳之前。重返巴黎后，策兰在给耶路撒冷老友曼努埃尔·辛格的信里这样写道："我需要耶路撒冷，正如我在找到它之前曾需要过它一样"[2]。他还写信给当时正在布拉格的乌尔姆：

> 在以色列的17天：多年来我最丰富的日子。现在，携着这彼处，我应去往哪里？[……]彼处，它也曾是，特别是在耶路撒冷，也曾是我那强烈的自我。曾四处交谈，曾四处缄默，曾四处生活——我还远未看到一切，

---

1 ［1969年10月23日写给Schmueli的信（1994），页19。］
2 ［*Die Stimme*（1970），页7。］

我还要再次前往。[1]

然而在这些特别强调的肯定表述之外，还有一些其他的东西，特别是那些让策兰在10月16日提前结束旅行，返回他所不爱的巴黎的一些恼人事实。如果策兰真如许多方面所说的那样，曾认真考虑过移居以色列（也许住在基布兹[2]中），那么他的突然返程，便为这样的想法画上了一个突兀的句号。以色列的经历，看上去充满了矛盾和一些令人难以忍受的事情。他原本希望能够在这片孕育着希望的土地上，为自己岌岌可危生命中的种种问题和谜团找到最终解决方案。但这样的想法，未能实现。在策兰回家后的数周时间里，种种狂热还暂时性地振奋着他，然而他更多感受到的应该还是失望。

以色列之行开始的两周，正面的经历和情绪占了上风。他重新见到了一些亲戚和年轻时代的朋友——埃迪特·胡贝曼（Edith Hubermann）、大卫·塞德曼（David Seidmann）、曼努埃尔·辛格、齐格哈特·阿尔佩（Sieghard Alper）、多罗特·米勒-阿尔特瑙（Dorothea Müller-Altneu）、迈尔·泰西（Meier Teich）。他也和布科维纳的同胞们，如吉德翁·克拉夫特（Gideon Kraft）、赫尔舍·泽噶尔（Hersch Segal）、伊斯拉埃尔·沙尔芬以及同样以德语写作的年轻诗人曼弗雷德·温克勒相聚。在生于乌兹堡（Würzburg）的著名诗人耶胡达·阿米亥[3]的引介下，10月8日，策兰在耶路撒冷朗

---

1 ［1969年10月20日写给Wurm的信（1995），页220。］
2 基布兹（Kibbuz）：现代以色列移民区的集体农庄。
3 耶胡达·阿米亥（Jehuda Amichai，1924—2000），以色列当代诗人，也是20世纪最重要的诗人之一。生于德国的乌兹堡，12岁时随家迁居以色列，"二战"期间他在盟军的犹太部队中服役，目击了以色列独立战争和西奈战役。作品被译成数十种文字，在欧美诗坛上具有较大的影响。

诵自己的诗歌——其间没有《死亡赋格》，而极具宗教色彩的《你想想》被当作压轴篇章。拥挤的观众被深深感动，向诗人致以热烈的掌声。"朗诵的情况很好，那里的听众也很好"[1]，策兰自己这样认为。在他的听众中有犹太学学者、哲学家格尔斯霍姆·朔勒姆（Gershom Scholem）——他有关犹太教神秘教义的著作曾为策兰打开了通往犹太神秘主义的大门。从1962年起，他们曾三度会面于巴黎。策兰对于希伯来语作家协会在特拉维夫（Tel Aviv）的接待也很满意，接待仪式上，他得到多位同行的赞誉并做了简短发言。但最后，作为一位忠实于德语且没有生活在以色列的犹太人，策兰受到了质疑。

> 我来到以色列，来到你们这里，因为这曾是我的需要。鲜见地，一种感觉占据了我的心，所有一切的所见和所闻让我感到，我做了一件正确的事——我希望，这种正确性的意义并不仅限于我。我想，我开始了解，何谓犹太式的孤独，我也懂得了，在这林林总总间，我也懂得了，应该为每株自植的绿树感到自豪。它们时刻准备着为每一位经过此地的人带来清爽。［……］在此地，在这外在和内在的风光中，我发现了许多，它们有关对真理的追切探寻、有关自身的澄明，还有关于诗作的唯一性，那种将自己开放于世界的唯一性。［……］
>
> 保罗·策兰，在希伯来语作家协会上的讲话，1969年10月14日。

第二天，在大卫·克罗阿[2]（策兰曾译过他的几首诗）的引介下，策兰也在特拉维夫朗诵了自己的作品。然而，这次朗诵大大刺激了他。对于造成不愉快的原因，朋友伊拉娜·施穆黎（Ilana Schmueli）曾有过详细的回忆：

1　［Schmueli，页17。］
2　大卫·克罗阿（David Rokeah，1916—1985），以色列诗人。生于波兰，1934年流亡巴勒斯坦。

> 特拉维夫的切尔诺维茨同胞们好奇地聚在一起，聆听这位被大家视为切尔诺维茨之子的"著名德语诗人"。那些故人表现出了令人感到局促的无间亲密。这些熟悉而又不再熟悉的东西，这种伪装的亲切、善意的误解和隔膜束缚着他。三十年过去了，他在"当年"的包围下吟诵诗篇，这是他心中最大的孤独。在这里，对他而言，那些在他生命中本已十分清晰的东西在这里变得太过清晰：无可克服的陌生感，而这曾是他的宿命［……］他曾将自己变为孤儿，在这里也同样如此——他知道，他也不属于此地。这深深地伤害了他，他几乎是落荒而逃。[1]

不过，以色列带给策兰的是一种双重的经验，特别是耶路撒冷。虽然失望很多，此地却成了作家生命和创作上的最后一个高峰。他在这里重逢了比他年轻四岁的切尔诺维茨女友——伊拉娜·施穆黎。他们于1940到1944年的战争纷乱中相识，并一起度过了在耶路撒冷和耶路撒冷周边的大部分时光。在这个从1967年夏开始可以自由进入、重获统一的城市里，他们生出了一段恋情。策兰和施穆黎的再度相遇演变成了爱情，二者间深入而无条件的信任大概让双方都感到惊喜。施穆黎以日记的形式记录下了和策兰一同走过的道路。他为一些古老的场所和纪念碑所吸引，他在"太多的圣迹面前"觉得胆怯，譬如他放弃了前往死海西岸城堡马察达的行程——"我没有资格前往"[2]。按照一个在今天颇受争议的传统说法，公元73年，

---

1 ［Schmueli，页18。］

2 ［Schmueli，页15—16及页18。］

约千名被罗马军团包围的犹太人在此自尽。

1969年10月17日，策兰回到冷漠的巴黎。在此后直至12月的那段时间里，策兰一共写作了十九首与耶路撒冷经历以及和施穆黎相遇相关的诗，构成了最后一册诗集《时间农庄》（1976年作为遗作出版）三部分中的第二部分。其中的诗作《化作杏仁的》（*Mandelnde*）早在1968年9月就已写成，而作于1967年12月的诗歌《你要像你》（*Du sei wie du*）也与这段经历密切相关。

从10月20日开始，作家便不断写信给施穆黎，信中还附有他

伊拉娜·施穆黎，约1968年。

刚完成的诗。在这些文章中出现了源自三方面所占比重各有不同的体验：1969年10月他亲身体验游历耶路撒冷所生之不满；与圣城遭遇密不可分的还有当时伴他左右的施穆黎以及两人的真挚感情；最后这些多面的、观感上的经验又和策兰普纽玛式的犹太性，那取自犹太神秘主义的、精神上的耶路撒冷纠结在一起，并由此获得语义上的多义性。"耶路撒冷"就是这样获得了一个巨大的时间场和意义场，不论是在单首诗中还是在整部诗集里，总能窥见有关转世论和性爱的言外之意。其中最为明显的大概就是诗作《极》(*Die Pole*)，以色列让犹太人有了祖国，发生在这样一个国家里的相遇让迷失于"雪之域"（Ⅱ，333—334）的策兰得到了"雪之慰藉"（Ⅲ，105）。施穆黎很中肯地将这些耶路撒冷之诗称为"一曲十分独特的、策兰式的颂歌"[1]。

虽然"耶路撒冷"和"以色列"可能拥有许多宗教上的和救世主式的意义，但我们永远不应忘记，策兰所说的是复国主义的国家以色列——一切犹太大屠杀幸存者的现实家园。在旅行前，他便将其作为"化作杏仁之物"，并在诗的结尾向它提出了"将我纳入你之中"（*Hachnissini*）[2]的请求。他的"说，耶路撒冷它在"（Ⅲ，105），他的"长号手的位置"（Ⅲ，104）也许基于《新约》或《旧约》的这一处或那一处，或者，同时与好几处有关（学者们对此还无定论），但不可由此认定作家策兰最终正面表达了自己犹太式的宗教信仰。圣经传说曾经是，而且在大屠杀后仍然是"空缺文本"，虽然它是"炙热的空缺文本"（Ⅲ，104）。

在以色列体验到的满足，他身上暂时的、近乎于回光返照式的

---

[1] ［Schmueli，页15—16及页18。］
[2] ［全集Ⅲ，页95。（原文为斜体）］

情绪并不能持久。1969年11月23日,策兰49岁生日(他的最后一个生日)时,他从巴黎写信给施穆黎,信中这样说道:

> 我感到,我知道,我在耶路撒冷曾有的力量已渐行消逝[……]你带来了奇迹,或奇迹带来了你?[1]

施穆黎在圣诞节前来到巴黎,一直待到1970年2月初,其间两人断断续续地在一起度过了许多时光。然而,就是她也无法创造奇迹了。

---

1 [Schmueli,页32。]

第九章 "……我定是日益向着我的深渊坠落下去"
1969年末—1970年春

策兰考虑以德语诗人的身份定居以色列的想法如此认真，但距现实又如此遥远。可以与之作比的是作家另一相反的想法：将自己的居住地——至少是暂时性地——迁至联邦德国（或瑞士的德语区）。这样的想法始自1960年，1970年3月又卷土重来，再度侵袭了他。按照弗莱堡日耳曼学者格哈德·鲍曼的说法，罗曼语族语言文学专家雨果·弗里德里希（Hugo Friedrich）曾含糊表示，可以为策兰提供一个大学教职。虽然策兰很喜欢黑森林掩映中的弗莱堡，但此一任教计划未能实现[1]，作家最后仍决定坚守在冷漠但熟悉的巴黎。1968年后，因为成为《蜉蝣》（*L'Éphémère*，创刊于1966年）杂志的共同出版人，他在此地与作家同行有了更多交往。这几年间，《蜉蝣》成为法语读者（以原文或译文的形式）了解策兰作品最重要的渠道。早在1950年代便认识策兰的安德烈·迪·布歇、伊夫·博纳富瓦和雅克·杜潘与其他一些年轻人（如让·大卫）一起为策兰的作品而奔忙，并成了他的知心朋友。

---

1 ［参见 Baumann（1968），页125。］

然而，作家的孤独感愈来愈强烈，特别是1967年秋与家人分居以后。从1962年底到1969年初，策兰在精神病院里度过的时间加在一起已一年有余；如果算上1967年6月至11月在巴黎医院里的"疗养"，这个数字甚至超过了一年半。1970年2月，他写信给施穆黎：

> 在那里，医生们要管的事情很多，每天都是一种负担，你所说的"我自己的健康"也许根本就不存在，毁灭直至我存在的内核[……]他们把我给治毁了！[1]

依据现在的精神病学观念看来，策兰当时接受的治疗很成问题。但无可争议的是，有时，他确实需要医学上的治疗和照顾。我们不是医生，无法对其病情做出医学上的诊断，而且我们也无法查阅相关档案。更为尴尬的是，一些策兰评论家——甚至一些和他较为亲密的人，都不吝为他贴上各种标签，诸如内因性精神病、精神分裂以及一再被提及的"被追踪妄想"[2]。毋庸置疑，在1960年有关剽窃的指控被公开后，策兰便患上了严重的抑郁症。而且在这一公众事件之后，1945年之前所形成的那种由威胁和死亡所构成的经验模式，便变得更加难以袪除。在某些时候（我们今天称之为情感紧张状态），曾经的严重创伤会一再显现。"一切都受了伤。人和物纠结在一起，经历带来了太深的伤害，回忆是一道化脓的伤口"[3]，尼采这样预言道。在策兰看来，这些针对他本人及其作品的诋毁和无视的瞬间（他

---

[1] [引自Felstiner（1997），页421。]
[2] [Bevilacqua（1998），页XCI/C III。]
[3] [《瞧！这个人》(Ecce homo)。引自Krit. Studienausgabe 6, Berlin, 1988, 页272。]

对此看得特别清楚），便是全部事实。对此他只能报以深深的不信任与抗拒，并欲退避进自己的角落。

其中的部分原因，是历史上曾造成心理创伤的屠杀场景，又重现于精神领域（所谓的剽窃事件便是如此）。其他部分则归因于策兰自身，所谓旧场景的再现其实只是他自己的臆想。作家很清楚，自己已由此走入了妄想，许多诗（常常以讽刺的语调写成）可以为此作证。在1967年4月8日的一首诗里提到了"头脚倒置的哀悼"（Ⅱ，175），并确切说明了"头脚倒置"的原因：他每日都承受着无尽的哀伤，因此而消耗的精力已超出了其所能承受的范围。1967年6月4日的一首诗也明确指向作为作家的自我：

> 如麻心绪[1]，我识得
> 你如小鱼般蜂拥而来的
> 刀，
> 无人比我更近地
> 迎风而卧，
> 无人如我一般
> 被冰雹的旋风击穿
> 磨砺预备出海的
> 头脑　（Ⅱ，225）

---

[1] 如麻心绪（Heddergemüt）：是策兰自己生造的合成词。有说法认为，该词为"Hede"（麻絮）与"Gemüt"（心绪）组合构成，大略有"乱麻心绪"之意；但也可将其视为"Heidegger"（海德格尔）与"Gemüt"叠合而成。或者，就像其他许多策兰自创的词一样，在此，两种解读方式都兼而有之：这是一种因海德格尔而产生的情绪，一种复杂不明、如麻絮般纷乱的心绪。

从1963年开始，诗歌越来越频繁地用到一些医学上的或与身体、病痛有关的术语，且常以在形式上被异化的合成词方式出现，如"太阳穴之钳""神经细胞""脑之山""脑之干""脑之移植物""大脑皮质""脑之镰刀""太阳穴之蹼""耳道""视紫质""视之干""心之干""动脉弓""冠状动脉"[1]。由此，策兰向我们展示着自己来自医院的体验。在这些词中，有一个显得尤为刺眼：妄想。如果不考虑它用作词根的情况，那么我们只能在《呼吸转点》及以后的诗集中看到这些合成词[2]："妄想的面包""妄想的船坞""妄想之旅""妄想般坚实""妄想的行走""妄想的行者之眼""妄想的薪饷""妄想的窄梯""妄想般可笑地——敞开着"。[3]

我们从策兰的相关阅读，就能看出他对于自身心理伤害的认识何其早、何其深。在自我探索和对人类精神状态认知方面，策兰的兴趣已大大超出常人。早在20世纪50年代，作家就已开始阅读弗洛伊德和其他一些心理分析作家的作品，虽然对于他们的理论他还有所怀疑。1960年后，他又阅读了卡尔·雅斯贝斯[4]的《普通心理病理学》(Allgemeine Psychopathologie)、欧根·布洛伊勒[5]的《精神病

---

1 [参见Nielsen/Pors的词汇索引(1981)。索引中未收录出现于《遗作》(Gedichte aus dem Nachlass, 1977)的词汇以及Lyon (1987)。]

2 此处有关策兰作品中词汇的统计源于Nielsen/Pors的词汇索引(1981)。该索引以首字母为序，将出现于策兰诗作中的词汇重新排列整合，所以，对于以"妄想"(Wahn)一词作为词根的情况无法一一统计。

3 [Nielsen/Pors (1981)，页261以及Lyon (1987)，页605。]

4 卡尔·雅斯贝斯(Karl Jaspers, 1883—1969)，德国哲学家、精神病学家、现代存在主义哲学主要代表人物之一。他尝试采用现象学的理念，直接研究患者的意识经验并于20世纪初将其临床经验及病例解释整理成《普通精神病理学》一书发表。该书引起了德国医学界的重视，被视为现象学精神病理学和理解心理学的代表作，对20世纪精神病理学思想产生了决定性影响。

5 欧根·布洛伊勒(Eugen Bleuler, 1857—1937)，瑞士精神科医生、精神分裂症概念首创者，第一个接受并应用弗洛伊德精神分析法的大学教授。《精神病学教材》(Lehrbuch der Psychiatrie)是其重要著作之一。

学》（*Psychiatrie*）以及路德维希·宾斯万格[1]的《精神病院中的人》（*Der Mensch in der Psychiatrie*）和《忧郁与躁狂》（*Melancholie und Manie*，1960）。特别是最后一本书，从文中的划线标识来看，策兰参照自己，也参照朋友奈莉·萨克斯的状况，十分细致地阅读了全书。他在诸如"丧失性抑郁"（Verlust-Depression）和"丧失定式"（Verluststil）这样的词下面划线标记，同时被标注的还有宾斯万格颇具深意的半句话：

和悲观主义者不同，忧郁症患者将未来预期到的丧失，视为业已出现的。[2]

策兰生命最后几年的诗作被收录于诗集《光之迫》《雪之域》和《时间农庄》（身后出版）。这些诗歌是动人的见证，向我们展现了受伤至深并由此留下深刻印记的那个作为写作者的保罗·策兰。同时，它们也是对执着坚持的记录——这是在诗学语言上的执着坚持，虽然这诗学"越来越难摆脱致死之言的万重阴霾"（Ⅲ，186）。很早之前，策兰就已对语言产生了怀疑。《墓之近旁》中向被害母亲的提问便是疑虑的最早信号。诗中的问题直指母语，也许还有传统的（韵体）诗歌写作：

---

[1] 路德维希·宾斯万格（Ludwig Binswanger, 1881—1966），弗洛伊德的早期学生，精神病科医生、心理学家，在长达45年的时间里一直掌管着贝尔维尤（Bellevue）诊所。他将心理分析和存在主义哲学相结合，创立了存在分析法。在他的著作中，体现了20世纪心理学领域的重大观念变革。

[2] 当某种"丧失"（如身边亲人的亡故）出现于忧郁症患者的生活，忧郁症患者会反覆咀嚼这种体验，难以释怀，而且他们将以此为模式，看待日后未知的生活，从而使某次"丧失"转变为一种心理上的体验模式，即"丧失定式"。[参见策兰工作藏书中的样册（马尔巴赫德国文学档案馆 [Dt. Literaturarchiv Marbach]），页43与页47—48。]

> 你是否能够容忍,母亲,一如从前,啊,一如在家中,
> 容忍这轻柔的、德语的、令人痛心的韵脚?(Ⅲ,20)

1948年,在维也纳的策兰曾借《热内》一文质疑,人们是否能够"重新叫出事物自身的正确名字",同时,他还谈到了"释义被烧尽后所残余的灰烬"(Ⅲ,156—157)。对策兰而言,已无可能在歌德的传统中来体验一个在意义上——对应的世界,"一个词——你知道/一具尸体",《夜色里翘起》(Ⅰ,125)这样写道。卡夫卡,这个在十多年里几乎被策兰视为楷模的人,已有过如此定论:

> 对于一切在感性世界之外的事物,只能以暗示的方式使用语言,而绝不可用类比的方式,哪怕只是以近似于类比的方式,因为语言,按照感性世界的说法,所涉及的只是所有及其关系。[1]

在策兰的眼里,这一论断变得更加尖锐了。大屠杀后的写作从根本上来说就是对"类比方式"的放弃,即放弃隐喻式的写作,因为所发生的事情无物可比。早在《子午线》中,诗人就已意识到,万般之间只余下一种可能:"证明一切的比喻和隐喻皆属荒谬。"(Ⅲ,199)在最后的几部诗集里,出现了大量对隐喻写作的弃绝,

---

[1] [《乡村婚礼的筹备》(*Hochzeitsvorbereitungen auf dem Lande*),Frankfurt a.M.,1983,页68。] 引文的出处应为《对罪、苦难、希望和真实之道的观察》(*Betrachtungen über Sünde, Leid, Hoffnung und den wahren Weg*),该书以格言集的形式收录了卡夫卡散落于各处的格言警句,文章标题是好友布洛德在编辑出版其作品时添加的。对于这些格言,卡夫卡都为它们编上了序号,此处所引段落的编号为57。

这种弃绝有时是一种论战，有时却又是一种讽刺。拒绝"隐喻的暴风雪"，如同拒绝"真实"（Ⅱ，89）的对立面。"弃你的比喻 / 为残渣"（Ⅱ，363），《雪之域》（*Schneepart*）中的一首诗如是写道，接下来一首诗又这样写道：

> 将符号解释到
> 坏，
> 被烧焦，遭腐烂，被浸渍。　（Ⅱ，364）

但策兰依旧在写诗。他绝未如自己常声称的那样——归于沉默。在生命的最后几年，诗人撕破了由奥斯维辛伪造而生的符号的秩序，在那些愈来愈新的诗中，将它化作"封锁线之桶的语言、封锁线之桶的歌"[1]（Ⅱ，314）。只有通过反复而深入的阅读，才能看到作者如何从语言上将这一意图实施于具体的诗歌作品。

几乎在任何时候，策兰都反对习见的、有序森严的感知和思维方式，而大力倡导并行的言说与语义上的颠倒，以此颠覆对有意义的、看似自然的言说的期待。[2] 在对词语的处理上，策兰同时遵循着两大方向，一个是"词的堆叠"（Ⅱ，29），另一个是"词的瓦解"[3]；一方面通过词的集结，形成一个愈来愈大的语言复合体，另一方面则是越来越彻底的词与诗句的缺损与减缩。作家始终希望，由此类语言运作过程而产生的所谓"密实性"，能得到耐心的解读，并能

---

[1]《光之迫》中的一首诗即以此开头。"封锁线之桶"（Sperrtonnen）一词由"封锁"（sperren）和"桶"（Tonne）复合构成，令人联想起 1968 年巴黎五月学运中那些被用来筑成街垒的汽油桶。

[2]［展开见 Reichert（1988）与 Sparr（1989）。］

[3]［参见 P. H. Neumann（1990）。］

依照他的意图为读者所理解,而不是由读者为其强加上某种"意义"。策兰在给切尔诺维茨的朋友古斯特尔·肖梅的信里曾写道:

> 我在我的诗里写出了当代人类经验中最糟糕的东西。听来也许自相矛盾:但也正是借着它们,我才得以支持下去。[1]

那时,距离诗人的死亡还有三个月。事实上,正是这建立在存在基础之上、极端而属于诗学范畴的工作,超越了那些一直反覆出现、充满了忧郁和绝望的日子;是它在维系着作家的生命。"我无法无视我所面临的困境,亲爱的弗兰茨,日复一日",1969 年 6 月,策兰去信给身在布拉格的弗兰茨·乌尔姆时这样写道。[2] 以色列之行是一个重大的、在短时间内让他感到振奋的事件,但当这样满怀希望的期待被耗尽后,接下来的生活便让人更觉失望。通过妻子的帮助,策兰在巴黎西区离塞纳河(Seine)米哈波桥(Pont Mirabeau)不远的地方购买了一处公寓。11 月,公寓到手,作家犹豫地——"一点一点地、煞费苦心地"[3]——迁入新居。可是这似乎不能使他的情绪有所好转。12 月 11 日,他这样写道:

> 今日有几句突兀的话,弗兰茨:我定是日益向着我的深渊坠落下去,我的生命悬于朝夕之间,确切地说是

---

1 [引自 Silbermann(1993),页 37。]
2 [1969 年 6 月 20 日写给 Wurm 的信(1995),页 199。]
3 [1969 年 7 月 21 日写给 Wurm 的信,页 204。]

朝朝之间。[1]

1970年2月3日，在施穆黎最终离去之后，春天的到来又为诗人带来了一些新的活动与计划。他谋划着和伊夫·博纳富瓦同游图尔（1939年以后，他便再也没有回过这里），但没有成行。3月初弗兰茨·乌尔姆来访两周，他约见贝克特并建议策兰一同前往，但诗人回绝了这个提议。他后来却又觉得后悔，觉得这位爱尔兰人与自己志趣相投，自己不应拒不相见。[2] 这段时间里，他还最后一次见到了彼特·斯丛迪。策兰去世一年半后，斯丛迪也以同样的方式撒手人寰。

3月20日，策兰抵达斯图加特，与安德烈·迪·布歇一同在荷尔德林诞辰二百周年之际朗诵了还未发表的新诗。之后，他与迪·布歇以及贝恩哈德·博申斯坦一起，由此出发前往图宾根，在那里最后一次参观了荷尔德林小楼，然后转往弗莱堡，最后去科尔玛（Colmar），参观马蒂亚斯·格吕内瓦尔特[3]的伊森海姆祭坛（Isenheimer Altar）。在弗莱堡，格哈德·鲍曼筹划了一场小规模的作品朗诵会，马丁·海德格尔再次出席。

在这生命的最后一次旅行中，作家强烈感受到了这个世界对于他创作的不经心和漠视。与此同时——这样的时代现在已经到来——他还在斯图加特的朗诵会上体验到了电视媒体的纠缠。恰恰是这些研

---

1 ［同上，页231。］
2 ［参见 Wurm（1990）。］
3 马蒂亚斯·格吕内瓦尔特（Matthias Grünewald，约1455—1528），德国画家，文艺复兴时期的大师。他的传世之作不多，现存代表作"伊森海姆祭坛画"（1510—1515）包括基督诞生、受刑、复活以及圣安东尼故事等6幅图画，皆属精品。

究荷尔德林的专家，对他的诗歌表现出极度的无知，这一定让他深受伤害；他将这样的经历放大开来并告诉同行的朋友，现在，在整个德国他都不再会获得共鸣。也许，最使策兰感到惊惶的是马丁·瓦尔泽[1]有关荷尔德林及其病情的发言。瓦尔泽当时这样说道：

> 荷尔德林无法由一个如井般深邃而又同样坚实的自我出发进行创作。他没有一个这样的自我。不，他还是有一个这样的自我的，但仅在他从外界获得认可时。他需要在别人那里感受到自己。每个人都必须这样。个体是一条光闪闪的欧洲的死胡同。[2]

这些话应该给了策兰很大震撼，也令他感到醍醐灌顶。他也需要一再在别人那里感受到自己，感受到对自己和自身诗作的共鸣，没有它们，他感到虚空而微末。在这种反复出现的、在精神上被打杀的体验（譬如，此时在斯图加特）中，充任原型情景的便是他在剽窃事件中所感受到的对他作为诗人个体的否认。

对于策兰最后几周的巴黎生活，我们知之甚微。在巴黎高等师范学院，他还在继续教授一门有关卡夫卡小说的研讨课[3]；当然还有尝试翻译君特·格拉斯长篇小说《铁皮鼓》(*Die Blechtrommel*)的练习，原著手稿（1959年由作家提供）上确切标注着每周的工作进

---

1 马丁·瓦尔泽（Martin Walser, 1927— ），德国作家，德国当代最重要的作家之一，曾获得包括毕希纳文学奖与德国书业和平奖（Friedenspreis des deutschen Buchhandels）在内的多项大奖，长于刻画人物的内心世界。
2 ［Walser: *Hölderlin zu entsprechen*，见1970年3月27日 *Die Zeit*；此处参见P. H. Neumann (1970)，页307—308。］
3 ［依据Felstiner，页359。］

度，最后一次是"1970年4月15日，星期三"[1]。

他又去了一次艾德蒙·路特朗在卢瓦河边的小屋。另外从电话通话情况上看，也许还有一些日常见面。见过吉赛尔、埃里克以及《蜉蝣》杂志社中关系不错的同事，比如让·大卫和雅克·杜潘。后者在4月17日给策兰打过电话，那时杜潘参加了在波昂画廊自己的版画与诗歌作品展的开幕式，刚回到巴黎。从那次展览目录来看，这也是策兰所翻译的杜潘的组诗 La nuit grandissante——译名为《夜，愈来愈巨大》(Die Nacht größer und größer) 第一次印刷出版。接到杜潘的电话，策兰什么也没有说，最后默默挂上了听筒。杜潘认为，也许是波昂的出版让策兰觉得不快，或者是他所说的有关开幕式的事情，于是他写信给策兰以表歉意。就像4月20日之前几天的其他信件一样，这次来信没有得到策兰的回应。

4月19日到20日的那个夜里，吉赛尔·策兰-莱斯特朗热发现丈夫失踪。她询问了许多朋友，也没有结果。[2] 5月1日，在库伯瓦 (Courbevoie，巴黎下游10公里处) 附近的塞纳河里打捞出策兰的尸首，艾德蒙·路特朗确认了死者身份。5月12日，在奈莉·萨克斯去世的这一天，诗人被安葬于寸草不生的蒂艾 (Thiais) 郊区公墓，约瑟夫·罗特[3]的墓地也在此地。吉赛尔·策兰-莱斯特朗热之所以选择了这处墓地，是因为1953年10月他们的儿子弗朗索瓦已被安葬于此。

除了自杀，再也没有其他更令人信服的说法能够解释策兰的溺水而亡。他大概是在1970年4月19日至20日的夜间从米哈波桥

---

[1] ［参见马尔巴赫德国文学档案馆策兰工作藏书馆。］
[2] ［参见 Fremde Nähe，页571—574与页578—584。］
[3] 约瑟夫·罗特 (Joseph Roth, 1894—1939)，记者、德语作家，纳粹上台后流亡巴黎，曾为多家流亡出版物工作。

跳入塞纳河的。米哈波桥与策兰在左拉大道（Avenue Émile Zola）的公寓离得很近。阿波利奈尔曾以《米哈波桥》（*Le pont Mirabeau*）一诗颂咏过这座桥，策兰自己也在《携一本来自塔鲁莎的书》（*Und mit dem Buch aus Tarussa*；Ⅰ，288）一诗中提到过它。诗人离去时，简陋的公寓井井有条，屋中的书架尚空空如也。没有发现诀别的书信。书桌上放着威廉·米榭（Wilhelm Michel）撰写的荷尔德林传[1]，在书籍翻开的地方，有一段引自克莱门斯·冯·布伦塔诺[2]的话被策兰划出：

有时，这位天才会变得晦暗，深陷他心灵的苦井。[3]

策兰为何要以这种方式辞世？他又为何单单选择了这一时刻赴死？有关此事，猜测很多，直到维尔纳·福尔特[4]提出假设，认为导致策兰自尽的原因，是布加勒斯特的杂志《新文学》（策兰的藏书中有1970年的2月号）在此前不久首次刊发了伊曼纽尔·魏斯葛拉斯1944年的诗《他》（其中可以看到出现于《死亡赋格》的母题）。[5] 我们很容易产生联想，有了这样的出版物，策兰又将担心，之前有关剽窃的指控可能会气势汹汹地卷土重来，而他知道，自己再也无法承受这一切了。

---

1 即出版于1940年的《荷尔德林的一生》（*Das Leben Friedrich Hölderlins*）。
2 克莱门斯·冯·布伦塔诺（Clemens von Brentano，1778—1842）：德国作家，海德堡浪漫派的中心人物，与该派另一中心人物阿尔尼姆（Ludwig Achim von Arinim）一起搜集编写了《儿童的奇异号角》（*Des Knaben Wunderhorn*）。
3 ［参见 Schwerin（1981），页81。］
4 维尔纳·福尔特（Werner Fuld，1947—），《法兰克福汇报》的文学评论人、自由作家、出版人。
5 ［*Focus*，第19期（1997），页136。］

不过，单从某一方面解释策兰自杀的做法，失之偏颇。作家有关死亡体验的思考由来已久，而且甚为深入，这其中也包括对自身死亡的想象。切尔诺维茨的女友鲁特·拉克纳-克拉夫特就曾说起过自杀对策兰的吸引，以及策兰在切尔诺维茨曾有的一次自杀尝试[1]。埃迪特·西尔伯曼也谈到了策兰多次的自杀尝试[2]。许多诗歌，借助对他人死亡的想象，或是直白地对自己的死亡做出了预设。1950 年代中期的诗《衣冠塚》(*Kenotaph*；Ⅰ，134）甚至还预言了死亡的方式——溺水。对于布加勒斯特情人利亚·芬格胡特的溺水身亡，策兰一直有所思考，诗作《灰烬的荣光》（Ⅱ，72）便是明证。一首以"被释放的也有这/起点"开头的诗，用一种近乎于赤裸裸且语带嘲讽的方式，谈到了 1967 年初夏策兰试图割腕自杀的行为："你清醒精明的静脉/将那结解开"

> 写作在心理上带来的解脱是不充分的，从来就不充分。无谓的蹦跳挣扎。常年待在喧嚣的大厅，刑具加身。一方笔墨的天空，愈来愈甚。每一日终会关上它的大门。
>
> 他辞世而去。选择，他还能够这样去做，选择。为了结局不要持续得这般长久。顺流而下，这失重的尸首。
>
> 亨利·米肖，《论生命的道路——保罗·策兰》（*Sur le chemin de la vie. Paul Celan*），1970 年。

（Ⅱ，243）。在他经常阅读的卡夫卡小说集书后的封皮上，写着"来吧死亡，今天就来吧!"这句话可能写于 1965 年住院期间。[3]

很早以前（1943 年起），策兰的诗中就记载着，作为作家的自我希望与亡故的母亲、与无辜被杀害的人们合而为一的愿望。对于

---

1 ［参见 Chalfen，页 109。］
2 ［Silbermann（1993），页 69。］
3 ［引自 Felstiner，页 296。］

这样的结合，他的许多诗歌都有所想象，或者至少有过与此相近的想象。然而，除了自杀，难道还有其他方法可以填平现实世界中横亘于牺牲者和幸存者间的那道鸿沟吗？至少从20世纪60年代起，这难以抑制的渴望便伴随着乐天力量的枯竭。很久以来，如果将那些短暂的特殊时期（譬如以色列之行）撇开不计，这股乐天的力量，也只不过给了他一点点"朝夕之间"[1]的生机。

许多为策兰所爱、所敬重的人，也在大约他这个年纪（近50岁时）告别人世：自杀身亡的玛丽娜·茨维塔耶娃、谢尔盖·叶赛宁（40岁时就已离世）、瓦尔特·本雅明，以及其他一些遭杀戮的人们，比如他的父母，还有曼德尔施塔姆。也许，只是出于某种预想，策兰常将自己看作他们中的一员。他常常想到的也许还有其他那些受纳粹迫害而自尽身亡的人——恩斯特·托勒[2]、瓦尔特·哈森克勒弗尔[3]、恩斯特·魏斯、斯蒂芬·茨威格、克劳斯·曼[4]。最后，策兰自杀身亡的大致日期，4月20日，令我们不禁联想到一个人的生日——此人曾是他和一切欧洲犹太人最大的敌人与摧毁者[5]。按照阿尔贝·加缪和路易吉·诺诺[6]的说法，这起自杀事件难道不应被视为

---

1 ［1969年12月11日写给Wurm的信（1995），页231。］
2 恩斯特·托勒（Ernst Toller, 1893—1939），表现主义德语剧作家，其剧作带有浓郁的左倾政治色彩。纳粹上台后，他的书籍遭焚、剧本遭禁演，本人被迫流亡至美国，在法西斯最猖獗时，因理想与现实的矛盾在绝望中自杀。
3 瓦尔特·哈森克勒弗尔（Walter Hasenclever, 1890—1940），表现主义德语诗人与剧作家，纳粹上台后被取消国籍，流亡法国。在英、法、意等国不断迁居期间两度被捕，后自杀于法国南部的战俘营。
4 克劳斯·曼（Klaus Mann, 1906—1949），作家、出版人、记者，著名德国作家托玛斯·曼的长子。纳粹上台后被撤销国籍，流亡国外，流亡中成为国际反法西斯传媒的核心人物。1949年服用安眠药自杀。
5 希特勒生于1889年4月20日。
6 路易吉·诺诺（Luigi Nono, 1924—1990），意大利作曲家，意大利序列音乐、电子音乐、具体音乐的代表作曲家之一。

一桩由"社会犯下的谋杀",一桩属于某一特定社会的谋杀?[1]阿多诺在《否定的辩证法》(*Negative Dialektik*)中探问:

> 那些侥幸逃脱而按理〔!〕会被杀害的人,他们在奥斯维辛之后是否还能让自己活在这个世上,尤其是,是否还被允许活在这个世上。他的继续生存需要冷漠。这冷漠是市民主体的基本原则,没有它就没有奥斯维辛的可能:姑息的大罪。[2]

策兰缺少这求生所必需的冷漠,这种缺乏和某种洞察力紧密相依。斯丛迪认为,毕希纳的丹东也具有同样的洞察力:"这洞察力,它不再读得懂生命,因为它曾经读懂过它。"[3]而这两者都足以致命。结语早在1968年1月23日就已写下:

> 这个跟在后面结结巴巴的世界,
> 我将成为这世界里
> 曾经的过客,一个名字,
>
> 由墙上淌下,
> 在墙上,一道伤口向着高处舔去。　　(Ⅱ,349)

---

1 〔引自 Fremda Nähe,页480。〕
2 〔Frankfurt a.M.,1966,页353—354。〕
3 〔Schriften Ⅰ,Frankfurt a.M.,1978,页259。引自 Sparr(1989),页154。〕

策兰年表

1920 年	作为家中独子,保罗(佩萨奇)·安彻尔 [Paul (Pessach) Antschel] 于 1920 年 11 月 23 日生于布科维纳的切尔诺维茨,其母弗德里克(弗里茨)·安彻尔(母姓施拉格)与其父莱奥·安彻尔-泰特勒均为犹太教信徒。
1920—1935 年	家住瓦斯尔科巷 5 号。
1926—1927 年	就读德语公立学校。
1927—1930 年	就读希伯来语公立学校,教学语言为希伯来语。
1930—1935 年	就读罗马尼亚国立高级中学,教学语言为罗马尼亚语。
1935—1938 年	就读乌克兰国立高级中学,教学语言为罗马尼亚语。
1934 年	犹太教成人礼。参加一共产主义青年组织。

1935 年	迁往马萨里克巷 10 号。
1937/38 年	写下（今天能够见到的）第一批诗作。
1938 年 6 月	预科（高中毕业考试，以证明具有入大学的资格）。
1938 年 11 月 9/10 日	乘火车经克拉科夫和柏林前往巴黎，继而前往图尔修习医科。
1939 年 7 月	返回切尔诺维茨。
1939 年 9 月	在切尔诺维茨大学修习罗马语族语言文学。
1940 年 6 月 20 日	红军进驻切尔诺维茨。
1940 年夏	开始与鲁特·拉克纳（克拉夫特）间的友谊。
1940 年 9 月	在切尔诺维茨修习罗马语族语言文学与俄语。
1941 年 7 月 5/6 日	罗马尼亚军队入驻切尔诺维茨，之后不久又有党卫军突击队进驻。到 8 月底为止，遭杀害的犹太人超 3000 人。
1941 年 10 月 11 日	设立切尔诺维茨犹太人聚居区（隔都）。第一次驱逐犹太人至德涅斯特河东岸地区。保罗·安彻尔被遣送，参加城中的强制劳动。
1942 年 6 月起	第二轮流放潮。保罗·安彻尔的父母被带走。
1942 年 7 月	强制劳动：在南莫尔岛的塔巴雷斯毕（Tabaresti）筑路。

1942 年秋/冬	父亲在布格河东的米哈洛夫卡集中营亡故，之后不久，其母亦殒命于此。
1944 年 2 月	获释离开罗马尼亚的强制劳动，返回切尔诺维茨。与鲁特·拉克纳（克拉夫特）重逢。
1944 年 4 月	红军二度进驻切尔诺维茨。在一家精神病院当医护士。公差前往基辅。重新迁回父母在马萨里克巷 10 号的住宅。
1944 年秋	在切尔诺维茨学习英国语言与文学。两部诗集问世。
1945 年 4 月	转往布加勒斯特。造访阿尔弗雷德·马尔古-施佩贝尔。
1945 年 6 月	居住于罗姆路（Strada Roma）47 号。
1945 年秋	在俄语书出版社担任编辑与翻译。
1946 年秋	开始了与彼得·所罗门的友谊。
1947 年 5 月 2 日	发表《死亡赋格》罗马尼亚文译本，开始使用"保罗·策兰"一名。
1947 年 12 月中旬	经布达佩斯逃亡维也纳。先安身于难民营，继而迁往泽韦林巷（Severingasse）3 号，后来又搬到市政府街 20 号波尔公寓（Pension Pohl）。
1948 年 1 月	与英格柏格·巴赫曼相遇；之后，两人渐生情愫。
1948 年 2 月	在维也纳杂志《计划》上发表诗歌 17 首。
1948 年 6 月	开始与克劳斯·德穆斯间的友谊。

1948 年 7 月	迁居巴黎。栖身于第 5 区学院路 31 号奥尔良旅店，索邦大学附近。
1948 年 8 月	《爱德格·热内——梦中之梦》出版。
1948 年 9 月	《骨灰瓮之沙》出版，后被策兰撤回。
1948 年秋起	在索邦大学学习日耳曼文学与语言学。
1949 年 8 月	在巴黎遇到迪特·克鲁斯。
1949/50 年	克劳斯·德穆斯求学于巴黎，一年后他后来的妻子纳尼也在此就学。
1949 年 11 月	结识了伊万·戈尔（1950 年 2 月 27 日去世）与克蕾尔·戈尔。
1950 年 7 月	获得文学学士学位。
1951 年 11 月	与版画家吉赛尔·德·莱斯特朗热（1927—1991）相识。
1952 年 5 月	1938 年以来，第一次赴德国。在尼恩多夫/波罗的海的"四七社"聚会上朗诵自己的作品。与英格柏格·巴赫曼重逢。
1952 年秋	出版《罂粟与记忆》。
1952 年 12 月 23 日	与吉赛尔·德·莱斯特朗热结婚。
1953 年	迁居至 16 区洛塔路（Rue de Lota）5 号。结识勒内·夏尔。
1953 年 10 月 7 日	儿子弗朗索瓦出生，仅存活 30 小时。
1953 年	克蕾尔·戈尔第一次对策兰提出剽窃指控。
1955 年	迁居至巴黎 16 区蒙德维的亚路（Rue Montevideo）29 号乙。

1955年6月6日	儿子克劳德·弗朗索瓦·埃里克出生。
1955年7月17日	以"保罗·安彻尔"之名正式入法国籍。
1955年	《从门槛到门槛》出版。
1956年	获德意志工业联邦联盟文学奖（Literaturpreis des Kulturkreises im Bundesverband der Deutschen Industrie）。
1956年1—5月	在日内瓦的"国际劳工组织大会"（Bureau International du Travail）担任翻译。
1957年5月、11月	罗泽·奥斯伦德尔造访巴黎。
1957年10月	参加乌珀塔尔"联盟"文学会（"Bund"-Tagung），与英格柏格·巴赫曼重逢。结识彼德·胡赫尔与汉斯·迈尔。
1957年11月	迁居至巴黎16区隆尚路（Rue de Longchamp）78号。
1958年1月26日	获自由汉莎城市布莱梅文学奖（Literaturpreis der Freien Hansestadt Bremen）。
1959年4月	结识彼特·斯丛迪与让·博拉克。《语言栅栏》出版。
1959年7月	旅居瑞士锡尔斯-玛利亚。《山中对话》出版。
1959年秋	在位于乌尔姆路（Rue d'Ulm）的巴黎高等师范学院任德语教师。
1960年4月	多家报纸的副刊报导了克蕾尔·戈尔对策兰的剽窃指控。

1960年5月	在苏黎世结识奈莉·萨克斯。再与英格柏格·巴赫曼重逢。
1960年6月13—17日	奈莉·萨克斯造访巴黎。
1960年9月	策兰前往斯德哥尔摩,探望住院的奈莉·萨克斯。
1960年9月13日	在巴黎结识马丁·布伯。
1960年10月22日	在达姆斯塔特接受格奥尔格·毕希纳文学奖颁奖。发表演讲《子午线》。
1962年10月	再次在日内瓦的"国际劳工组织大会"(BIT)中担任翻译一个月。
1962年12月—1963年1月	入巴黎一家精神病院。
1963年5/10月	在苏黎世结识弗兰茨·乌尔姆。
1963年秋	《无人的玫瑰》出版。
1964年	与妻吉赛尔共赴汉诺威,参加她的画展。
1964年10月	杜塞多夫,获颁北莱茵-威斯特法伦州艺术大奖。
1965年5月	再度进入巴黎附近的一家精神病院。
1965年12月—1966年6月	住在巴黎或周边的医院里。组诗《黑暗侵入》问世。
1966年4月19日	巴黎的歌德学院同时展出策兰的诗集《呼吸结晶》与妻吉赛尔的版画配画。
1966年	主编亨利·米肖的《文学创作,作品:[一]》
1966年11月	在巴黎与彼得·所罗门重逢。
1967年2—5月	再度入院,之后住在巴黎的这家医院里。

1967 年 7 月	在弗莱堡大学朗诵自己的作品。之后，在托特瑙贝格的海德格尔小屋与海德格尔会面。
1967 年 9 月	与弗兰茨·乌尔姆在提契诺州。与摩西·菲尔邓克莱相识于巴黎。
1967 年秋	《呼吸转点》出版。
1967 年 11 月	独自迁居巴黎第 5 区杜纳福尔路 24 号，不再与家人住在一起。
1967 年 12 月	暂居西柏林并朗诵自己的作品，住在自由大学的彼特·斯丛迪处。
1968 年 5 月	策兰成为发生巴黎学运事件的见证人。起初，他也曾为此倍感激动。
1968 年秋	成为巴黎文学杂志《蜉蝣》的联合出版人。
1968 年 10 月	《线之太阳》出版。
1968 年 10/11 月	获奖学金，驻留在距法国西南小城旺斯（Vence）不远的卢河畔拉科尔（La Colle-sur-Loup）。
1968 年 11 月—1969 年 1 月	再一次精神危机后，再度入院。
1969 年复活节	最后一次造访伦敦，探访贝尔塔·安彻尔姑妈。
1969 年	《黑关税》（配有妻吉赛尔的版画）出版。
1969 年 10 月	以色列之行。在希伯来作家协会致辞。重逢伊拉娜·施穆黎。写作有关耶路撒冷的系列诗作。

1969年11月6日	迁居至巴黎15区的佐拉大道6号。
1969年12月底—1970年2月3日	伊拉娜·施穆黎访巴黎。
1970年3月	弗兰茨·乌尔姆在巴黎。最后一次与彼特·斯丛迪相见。在斯图加特荷尔德林学会朗诵自己的作品。访图宾根。在弗莱堡朗诵自己的作品。前往科尔玛,参观伊森海姆祭坛。
1970年4月20日(?)	自溺于塞纳河。5月1日发现尸首。
1970年5月12日	安葬于巴黎近郊的蒂艾墓地。
1970年	《逼迫之光》在其身后出版。
1971年	《雪之域》在其身后出版。
1976年	《时间农庄》在其身后出版。

参考文献

在此只列出一些较为重要的出版物，它们主要为该书中被多次引用的文献。

其他文献可通过类别 1 中所列书籍进行查找。

1. 图书目录、索引、资料汇编、期刊

Bohrer, Christiane（1989）: Paul Celan.Bibliographie.Frankfurt a.M.u.a.

Celan-Handbuch. Leben –Werk –Wirkung（2008）. Hg. v.M.May, P. Goßens und J. Lehmann, 2., aktualisierte und erweiterte Aufl. 2012. Stuttgart / Weimar

Celan-Jahrbuch. Hg. v. H.-M. Speier. Bd. 1（1987）– Bd. 9（2003 – 2005: recte 2007）; mehr nicht erschienen

Gellhaus, Axel u. a.（1997）: «Fremde Nähe». Celan als Übersetzer. Eine Ausstellung des Deutschen Literaturarchivs. Marbach a.N.

Gellhaus, Axel（Hg.）（2000）: Paul Antschel / PC in Czernowitz. Ausgabe deutsch / ukrainisch.Marbach a.N.（=MarbacherMagazin 90/2000）

Glenn, Jerry（1989）.Paul Celan.Eine Bibliographie.Wiesbaden

Glenn, Jerry / Todd, Jeffrey D.: Die zweite Bibliographie. In: http://polyglot.Iss. wisc.edu / german / celan / biblio2 / biblio.html

Goßens, Peter / Patka, Markus G.（Hg.）: «Displaced». PC inWien 1947 / 48. Frankfurt a.M. 2001

Hamacher, Werner/Menninghaus, Winfried (Hg.) (1988.) :Paul Celan.Frankfurt a.M. (Bibliographie S.345-359.)

Ivanovic, Christine (1996a.) : «Kyrillisches, Freunde, auch das ...». Die russische Bibliothek PCs im Deutschen Literaturarchiv Marbach. Marbach a.N.

Lorenz, Otto (1983.) : Paul Celan.In: Kritisches Lexikon zur deutschsprachigen Gegenwartsliteratur.München (mit Bibliographie von 1998.)

Nielsen, Karsten Hvidtfelt/Pors, Harald (1981.) : Index zur Lyrik Paul Celans. München

Pors, Harald (1989.) : Rückläufiges Wortregister zur Lyrik Paul Celans.München

Wichner, Ernest/Wiesner, Herbert (1993.) : In der Sprache der Mörder.Eine Literatur aus Czernowitz, Bukowina.Berlin (Literaturhaus.)

Celan-Jahrbuch.Hg.v.Hans-Michael Speier.Bd.1 (1987)-Bd.7 (1999.)

Wiedemann, Barbara (Hg.) (2000) : PC –Die Goll-Affäre. Dokumente zu einer Infamie. Frankfurt a.M.

2. 作品
2.1 汇编作品版本

Gesammelte Werke.Hg.v.B.Allemann u.a.Band Ⅰ-Ⅴ.Frankfurt a.M.1983
(Bd. Ⅰ-Ⅲ:Gedichte, Prosa, Reden, Bd.Ⅳ/Ⅴ: Übersetzungen)

Das Frühwerk [einschl.rumänischer Texte und ihrer Übersetzungen].Hg.v.B. Wiedemann.Frankfurt a.M.1989

Die Gedichte aus dem Nachlass.Hg.v.B.Badiou u.a. Frankfurt a.M.1997

Werke.Historisch-Kritische Ausgabe.Hg.Bonner Arbeitsstelle.Frankfurt a.M. Bisher erschienen:Bd.7.1/7.2:Atemwende.1990.Bd.8.1/8.2：Fadensonnen.1991.Bd. 9.1/9.2：Lichtzwang.1997.Bd.10.1/10.2：Schneepart.1994

Werke.Tübinger Ausgabe [Vorstufen-Textgenese-Endfassung].Hg.v.Jürgen Wertheimer. Frankfurt a.M.Bisher erschienen：(1) Sprachgitter.1996 (2) Die Niemandsrose.1996 (3) Der Meridian.1999

Die Gedichte. Kommentierte Gesamtausgabe. Hg. v. B.Wiedemann. Frankfurt a. M. 2003«Mikrolithen sinds, Steinchen». Die Prosa aus dem Nachlaß. Kritische Ausgabe. Hg. und kommentiert v. B.Wiedemann und B. Badiou. Frankfurt a. M. 2005

2.2 单本诗集

Der Sand aus den Urnen.Wien 1948 (A.Sexl – zurückgezogen)

Mohn und Gedächtnis.Stuttgart 1952 (Deutsche Verlags-Anstalt)

Von Schwelle zu Schwelle.Stuttgart 1955 (Deutsche Verlags-Anstalt)

Sprachgitter.Frankfurt a.M.1959 (S.Fischer)

Die Niemandsrose.Frankfurt a.M.1963 (S.Fischer)

Atemwende. Frankfurt a.M.1967 (Suhrkamp)

Fadensonnen.Frankfurt a.M.1968 (Suhrkamp)

Lichtzwang.Frankfurt a.M.1970 (Suhrkamp)

Schneepart.Frankfurt a.M 1971 (Suhrkamp)

Zeitgehöft.Späte Gedichte aus dem Nachlaß.Frankfurt a.M.1976 (Suhrkamp)

Gedichte 1938-1944.Vorwort von Ruth Kraft.Frankfurt a.M.1986 (Suhrkamp)

Eingedunkelt und Gedichte aus dem Umkreis von Eingedunkelt.Hg.v.B.Badiou und J.-C.Rambach.Frankfurt a.M.1991 (Suhrkamp)

Gedichte.Eine Auswahl.Auswahl und Anmerkungen von Klaus Wagenbach, unter Mitarbeit des Autors.Frankfurt a.M.1962 (S.Fischer)

Ausgewählte Gedichte.Zwei Reden.Nachwort von Beda Allemann.Frankfurt a.M.1968 (Suhrkamp)

Ausgewählte Gedichte.Auswahl und Nachbemerkung von Klaus Reichert.Frankfurt a.M.1970 (Suhrkamp)

Die Dichtung Ossip Mandelstamms (Rundfunksendund für den NDR 1960).In：Ossip Mandelstam.Im Luftgrab.Ein Lesebuch.Hg.v.R.Dutli.Zürich 1988，S.68-81

3. 信函

Adorno, Theodor W. – PC (2003). Briefwechsel 1960 – 1968. Hg. v. J. Seng. In: Frankfurter Adorno-Blätter VIII.München (S. 177 – 200)

Bender, Hans (1984).In: Briefe an Hans Bender.Hg.v.V.Neuhaus.München

Bachmann, Ingeborg – PC (2008). «Herzzeit». Briefwechsel.Mit den Briefwechseln zwischen PC und Max Frisch sowie zwischen I. Bachmann und G. Celan-Lestrange. Hg. und kommentiert von B. Badiou, H. Höller, A. Stoll und B.Wiedemann. Frankfurt a. M. (mit instruktiver Zeittafel)

Bender, Hans (1984): Briefe von PC. In: Briefe an H. Bender. Hg. v. V. Neuhaus. München (S. 34 f., 48 f.)

Bermann Fischer, Gottfried Bermann/Fischer, Brigitte (1990): Briefwechsel mit Autoren.Hg.v.R.Stach.Frankfurt a.M. (S.616-659)

Böll, Heinrich/Schallück, Paul /Schroers, Rolf – PC (2011): Briefwechsel mit den rheinischen Freunden. Mit einzelnen Briefen von G. Celan-Lestrange, I. Schallück und I. Schroers. Hg. undkommentiert von B.Wiedemann. Frankfurt a. M. (mit instruktiver Zeittafel)

Celan-Lestrange, Gisèle – PC (2001). Briefwechsel. Mit einer Auswahl von Briefen PCs an seinen Sohn Eric. Hg. v. B. Badiou in Verbindung mit E. Celan. 2 Bde. Frankfurt a. M. [frz. Ausgabe Paris 2001] (mit instruktiver Zeittafel)

Chomed, Gustav – PC (2010). «... ich brauche Deine Briefe ...». Briefwechsel. Hg. und kommentiert von B.Wiedemann und J. Köchel. Frankfurt a.M.

Demus, Klaus /Nani – PC (2009). Briefwechsel. Mit einer Auswahl aus dem Briefwechsel zwischen G. Celan-Lestrange und K. und N. Demus. Hg. und kommentiert von J. Seng. Frankfurt a.M.

Dischner, Gisela (1996). Paul Celan an Gisela Dischner.Briefe aus den Jahren 1965-1970.Hg.v.f.Runkehl und T.Siever.O.O.[Hannover] Einhorn, Erich (1998): Paul Celan-Erich Einhorn: Briefe.Kommentiert von M.Dmitrieva-Einhorn.In: Celan-Jahrbuch 7 (1998), S.7-49

Einhorn, Erich – PC (1998). «Du weißt um die Steine ...». Briefwechsel. Kommentiert von M. Dmitrieva-Einhorn. In: Celan-Jahrbuch 7, S. 7 – 49

Federmann, Reinhard (1972). In: Ders.: In memoriam Paul Celan.In: Die Pestsäule [Wien] 1 (September 1972), S.17-21 und 91

Ficker, Ludwig von (1975).In:Anton Schwob:Ein unbekannter Brief Paul Celans[- vom 5.Februar 1951]. In:Karpaten-Rundschau vom 6.Juni 1975, S.4

Grass, Günter – PC (2004). Eine «herzgraue» Freundschaft. Der Briefwechsel. Hg. v. A. Barnert (= Textkritische Beiträge 9), S. 65 – 127

Heidegger, Martin (1998). Ein unveröffentlichter Brief an PC. Kommentiert von Stephan Krass: «Wir haben Vieles einander zugeschwiegen». In: Neue Zürcher Zeitung vom 3.1.

Hirsch, Rudolf – PC. Briefwechsel (2004). Hg. v. J. Seng. Frankfurt a.M.

Kloos-Barendregt, Diet (2002). «Du musst versuchen, auch den Schweigenden zu hören». Briefe von PC. Handschrift – Edition –Kommentar. Hg. v. P. Sars. Frankfurt a.M.

Lenz, Hanne/Hermann – PC (2001). Briefwechsel.Mit drei Briefen von G. Celan-Lestrange. Hg. v. B.Wiedemann in Verbindung mit H. Lenz. Frankfurt a.M.

Margul-Sperber, Alfred (1975). In:Neue Literatur [Bukarest] 26(1975), Heft 7, S.50-63

Neumann, Robert (Hg.) (1966). In:34 x erste Liebe.Schriftsteller aus zwei Generationen unseres Jahrhunderts beschreiben erste erotische Erlebnisse. Dokumentarische Geschichten.Frankfurt a.M., S.32 f.

Richter, Hans Werner (1997): Briefe.Hg.v.Sabine Cofalla.München/Wien(mit 6 Briefen Celans)

Rosenthal, Bianca (1983): Quellen zum frühen Celan.In: Monatshefte (Wisconsin) 75 (1983), Heft 4, S.402 f.(Brief an Verwandte in Palästina)

Rychner, Max (1980).In: Neue Literatur [Bukarest] 31 (1980), Heft 11, S.58 f. und 61 (Entwurf)

Sachs, Nelly (1993). Paul Celan-Nelly Sachs.Briefwechsel.Hg.v.B. Wiedemann. Frankfurt a.M.

Shmueli, Ilana – PC (2004). Briefwechsel. Hg. v. I. Shmueli und T. Sparr. Frankfurt a.M.

Solomon, Petre (1981): Briefwechsel mit Paul Celan, 1957-1962.In: Neue Literatur [Bukarest] 32 (1981), Heft 11, S.60-80

Die Stimme 26. (1970), Hefte Juni und August (Tel Aviv).Auszüge aus Briefen an Freunde in Israel nach Paul Celans Israel-Reise

Struve, Gleb (1959/60). In: Victor Terras/Karl S.Weimar:Mandelstamm und Celan: A Postscript: In: Germano-Slavica 1978, Nr.5, S.361-363.Nachdruck in: Hamacher (s.unter 1), S.11-13

Szondi, Peter (1993): Briefe.Hg.v.C.König und T.Sparr.Frankfurt a.M.

Wallmann, Jürgen P.(1971). In: Ders.: Auch mich hält keine Hand.Zum 50.Geburtstag von Paul Celan.In: die horen 16 (1971), Nr.83, S.79-84

Wurm, Franz (1995): Paul Celan.Briefwechsel mit Franz Wurm.Hg.v.B. Wiedemann in Verbindung mit F.Wurm.Frankfurt a.M.

4. 谈话及回忆录

Ausländer, Rose (1991): Erinnerungen an eine Stadt. In: Rose Ausländer. Materialien zum Leben und Werk.Hg.v.H.Braun.Frankfurt a.M., S.7-10

Barash, Moshe (1985): Über Paul Celan.Interview mit Cord Barkhausen.In: Sprache und Literatur in Wissenschaft und Unterricht 16 (1985), Heft 1, S.93-107

Basil, Otto (1971): Wir leben unter finsteren Himmeln.In: Literatur und Kritik. Österreichische Monatsschrift 52 (1971), S.102-105

Baumann, Gerhart (1986): Erinnerungen an Paul Celan.Frankfurt a.M.1986. Erweiterte Ausgabe 1992

Blanchot, Maurice (1993): Der als letzter spricht.Über Paul Celan.Berlin

Böschenstein, Bernhard (1990): Gespräche und Gänge mit Paul Celan.In: Böschenstein, B./Bevilacqua, Giuseppe: Paul Celan.Marbach, S.7-19

Bollack, Jean (1993): Herzstein.Über ein unveröffentlichtes Gedicht von Paul Celan.München/Wien

Bonnefoy, Yves (1998): Die rote Wolke.München, S.256-262

Cameron, Esther (1986).Erinnerung an Paul Celan.In: Park.Zeitschrift für neue Literatur10 (1986) Heft 27/28, S.50-52; auch bei Hamacher (s.unter 1), S.338-342

Cioran, E.M. (1988): Encounters with Paul Celan.In: Acts.A Journal of New Writing (San Francisco) 1988; Nr.8/9, S.151-155

Döpke, Oswald (1994): Ingeborg Bachmann in Briefen aus den Jahren 1956 und 1957. In:I.Bachmann. Das Lächeln der Sphinx.=du. Die Zeitschrift der Kultur 1994, Heft 9, S.36-39

Dor, Milo (1988): Auf dem falschen Dampfer.Fragmente einer Autobiographie. Wien/Darmstadt

Dürrenmatt, Friedrich (1990): [Erinnerungen an Paul Celan.In:] Turmbau. Stoffe IV-IX.Zürich, S.169-171

Eisenreich, Brigitta (2010): Celans Kreidestern. Ein Bericht. Mit Briefen u. a. unveröffentlichten Dokumenten. Unter Mitwirkung von B. Badiou. Frankfurt a.M.

Emmerich, Wolfgang (Hg.) (1990): Der Bremer Literaturpreis 1954 – 1987. Eine Dokumentation. Bremerhaven, S. 69 – 76 (mit Briefen von PC)

Goll, Claire (1976): La poursuite du vent.Paris (S.274f.); deutsche Ausgabe: Ich verzeihe keinem. Eine literarische Chronique scandaleuse unserer Zeit. Bern/ München 1978 (die Passage zu Celan fehlt)

Grass, Günter (1990): Schreiben nach Auschwitz: Frankfurter Poetik-Vorlesung. Frankfurt a.M.,S.29-32

Huppert, Hugo (1988): «Spirituell». Ein Gespräch mit Paul Celan [1973]. In: Hamacher (s.unter r), S.319-324

Jabès, Edmond (1989): Des verstorbenen Freundes gedenkend.Wie ich Paul Celan lese. In:Frankfurter Allgemeine Zeitung vom 22.April 1989

Jokostra, Peter (1971): «Celan ist bestenfalls eine Parfümfabrik...»Das spannungsvolle Verhältnis zwischen Johannes Bobrowski und Paul Celan.In: Die Welt vom 30.Oktober 1971 (mit Briefen)

Kaschnitz, Marie Luise (2000): Tagebücher aus den Jahren 1936 – 1966. Hg. v. C. Büttrich u. a. Bd. 1. Frankfurt a.M.

Krolow, Karl (1970): Paul Celan.In:Jahresring 1970/71.Stuttgart, S.338-346

Lenz, Hermann (1988): Erinnerungen an Paul Celan.In: Hamacher (s.unter 1), S.315-318

Lefebvre, Jean Pierre (1997): «Paul Celan-unser Deutschlehrer».In: arcadia 32 (1997), Heft 1, S.97-108

Martin, Uwe (Hg.) (1982): Texte zum frühen Celan.Bukarester Celan-Ko-Ioquium 1981.=Zeitschrift für Kulturaustausch 32, Heft 3 (mit Erinnerungen von Marcel Aderca, Maria Banus, Ion Caraion, Nina Cassian, Ovid S.Crochmălniceanu, Horia Deleanu, Alfred Kittner und Petre Solomon)

Mayer, Hans (1970): Erinnerung an Paul Celan. In:Merkur 24 (1970), Heft 12, S.1150-1162

Michaux, Henri (1970): Sur le che-min de la vie.Paul Celan. In: ÉtudesGermaniques 25 (1970), Nr.3, S.250

Peyer, Rudolf (1987): Annäherung an eine Legende.Begegnungen mit Paul Celan. In: Neue Zürcher Zeitung vom 10.April 1987, S.40

Podewils, Clemens (1971): Namen.Ein Vermächtnis Paul Celans. In Ensemble. Internationales Jahrbuch für Literatur 2 (1971), S.67-70

Pöggeler, Otto (2011): Wege in schwieriger Zeit. Ein Lebensbericht.München

Reinfrank, Arno (1971): Schmerzlicher Abschied von Paul Celan. In: die horen 16 (1971), Nr.83, S.72-75

Schwerin, Christoph Graf von (1981): Bitterer Brunnen des Herzens. Erinnerungen an Paul Celan.In: Der Monat Nr.279, S.73-81

Schwerin, Christopn Graf von (1997): Als sei nichts gewesen.erinnerungen. Berlin (mit Briefen)

Shmueli, Ilana (2000): Sag, dass Jerusale ist. Über PC: Oktober 1969 – April 1970. Eggingen [mit Briefen; Vorstufe in: Jüdischer Almanach 1995. Frankfurt a.M., S. 9 – 36]

Shmueli, Ilana (2006): Ein Kind aus guter Familie. Czernowitz 1924 – 1944. Aachen

Silbermann, Edith (1993): Begegnung mit Paul Celan.Erinnerung und Interpretation. Aachen (mit Briefen)

Solomon, Petre (1980): Paul Celans Bukarester Aufenthalt. In: Neue Literatur [Bukarest] 31(1980), Heft 11, S.50-64

Solomon, Petre (1982): Zwanzig Jahre danach.Erinnerungen an Paul Celan. In: Neue Literatur [Bukarest] 33(1982), Heft 11, S.23-34 (mit Briefen)

Solomon, Petre (1990): Paul Celan. L'adolescence d'un adieu. Paris 1990 (zuerst rumänisch:Paul Celan.Dimensiunea Romaneasca.Bukarest 1987; mit sämtlichen Briefen Celans an Solomon, S.209-241, wie auch den meisten Briefen Celans an A.Margul-Sperber, S.242-278)

Die Stimme 26 (1970), Hefte Juni und Juli (Tel Aviv). Mit Erinnerungen von Gideon Kraft, Dorothea Müller-Altneu, Meier Teich und Manfred Winkler

Susman, Margarete (1964): Ich habe viele Leben gelebt. Erinnerungen. Stuttgart, S.174f.

Szász, János (1988): «Es ist nicht so einfach...» Erinnerungen an Paul Celan [1975]. In: Hamacher (s.unter 1), S.325-337

Wurm, Franz (1990): Erinnerung an Paul Celan. In: Neue Zürcher Zeitung vom

24./25.November 1990 Verändert unter dem Titel«Erinnerung» in:Sprache im technischen Zeitalter 33 (1995), März-Heft, S.84-88

5. 研究性文字

Barnert, Arno (2007): Mit dem fremden Wort. Poetisches Zitieren bei PC. Frankfurt a.M.– (2012): Die Erschließung und Rekonstruktion von PCs Nachlassbibliothek. In: Jahrbuch der deutschen Schillergesellschaft 56, S. 30 – 324

Bevilacqua, Giuseppe (1998): Eros-Nostos-Thanatos: Ia parabola di Paul Celan. In: Paul Celan: Poesie.Deutsch/italienisch Hg.und übersetzt von G.Bevilacqua. Milano, S.XI-CXXIX (mit Zeittafel) – (2004): Auf der Suche nach dem Atemkristall. C.-Studien.München u. a

Birus, Hendrik (1996): Hommage à quelqu'un. PCs «Hüttenfenster» – ein ‹Wink› für Johannes Bobrowski? In: Hermenautik – Hermeneutik [Für P. H. Neumann]. Hg. v. H. Helbig u. a.Würzburg, S. 269 – 277

Böschenstein, Bernhard/Weigel, Sigrid (Hg.) (1997): Ingeborg Bachmann und Paul Celan.Poetische Korrespondenzen.Frankfurt a.M.

Birus, Hendrik (1996): Hommage à quelqu'un. PCs «Hüttenfenster» – ein ‹Wink› für Johannes Bobrowski? In: Hermenautik – Hermeneutik [Für P. H. Neumann]. Hg. v. H. Helbig u. a.Würzburg, S. 269 – 277

Bollack, Jean (1994): PC und Nelly Sachs. Geschichte eines Kampfes. In: Neue Rundschau 105, Heft 4, S. 119 – 134

– (1998): Vor dem Gericht der Toten. PCs Begegnung mitMartin Heidegger und ihre Bedeutung. In: Neue Rundschau 109, Heft 1, S. 127– 156

– (2000): PC. Poetik der Fremdheit.Wien

Boyd, Timothy (2006): «dunkler gespannt». Untersuchungen zur Erotik der Dichtung PCs. Heidelberg

Briegleb, Klaus (2003): Mißachtung und Tabu. Eine Streitschrift zur Frage: «Wie antisemitisch war die Gruppe 47?» Berlin/Wien

Buck, Theo (1993): Muttersprache, Mördersprache.Celan-Studien I.Aachen

Buhr, Gerhard/Reuss, Roland (Hg.)(1991): Paul Celan, «Atemwende». Materialien.Würzburg

Chalfen, Israel (1979): Paul Celan.Eine Biographie seiner Jugend. Frankfurt a.M.(mit Briefen)

Colin, Amy S.(Hg.) (1987): Argumentum e Silentio.International Paul Celan Symposium [Seattle 1984]. Berlin/New York

Corbea, Andrei/Astner, Michael (Hg.) (1990): Kulturlandschaft Bukowina. Studien zur deutschsprachigen Literatur nach 1918. Iasi (Rumänien)

Corbea-Hoisie, Andrei (Hg.) (2000): PC. Biographie und Interpretation/ Biographie et interprétation. Konstanz / Paris

Derrida, Jacques (1986): Schibboleth. Für Paul Celan.Graz/Wien

Felstiner, John (1997): Paul Celan.Eine Biographie.München (zuerst englisch, 1995)

Emmerich, Wolfgang (2000): «... daß das Gedicht um dieser Meinung – um der Menschen willen ... geschrieben ist». PCs multiple Engführungen. In: PC. Biographie und Interpretation / Biographie et interprétation. Hg. von A. Corbea-Hoisie. Konstanz u. a., S. 168 – 192

– (2005): «Mein Aug steigt hinab zum Geschlecht der Geliebten»: Zur Eigenart der Liebesgedichte von PC. In: Eros und Literatur. Liebe in Texten von der Antike bis zum Cyberspace. Festschrift für Gert Sautermeister. Hg. von C. Solte-Gresser u. a. Bremen, S. 243 – 260

– (2007): Rudolf Alexander Schröder, PC und der Bremer Literaturpreis. Ein Lehrstück zur Literaturgeschichte der 50er Jahre. In: C.-Jahrbuch 9, S. 51 – 73

Eshel, Amir (1999): Zeit der Zäsur. Jüdische Dichter im Angesicht der Shoah. Heidelberg

Felstiner, John (1997): PC. Eine Biographie.München

Firges, Jean (1962): Sprache und Sein in der Dichtung PCs. In:Muttersprache 72, S. 261 – 269 (mit einem Briefzitat von PC)

Gaisbauer, Hubert u. a. (Hg.) (2000): Unverloren. Trotz allem. PC-Symposion Wien 2000.Wien

Gellhaus, Axel (1993a): Marginalien: PC als Leser. In: Pöggeler/Jamme (s. u.), S. 41 – 65

– (1993b): Erinnerung an schwimmende Hölderlintürme. PC, «Tübingen, Jänner».

Marbach a.N. (= Spuren Nr. 24)

– (1995): Die Polarisierung von Poesie und Kunst bei PC. In: Celan-Jahrbuch 6, S. 51 – 91

Lohr, Andreas (Hg.) (1996): Lesarten. Beiträge zumWerk PCs. Köln u. a.

Gutu, George (1990): Die Lyrik Paul Celans und der geistige Raum Rumäniens. Bukarest (mit Briefen an Nina Cassian)

Ivanovic, Christine (1995): Trauer – nicht Traurigkeit. C. als Leser Benjamins. Beobachtungen am Nachlaß. In: C. - Jahrbuch 6, S. 119 – 159

– (1996b): Das Gedicht im Geheimnis der Begegnung. Dichtung und Poetik C.s im Kontext seiner russischen Lektüren. Tübingen

Ivanovic, Christine (1995): Trauer – nicht Traurigkeit. C. als Leser Benjamins. Beobachtungen am Nachlaß. In: C. -Jahrbuch 6, S. 119 – 159

– (1996b): Das Gedicht im Geheimnis der Begegnung. Dichtung und Poetik C.s im

Janz, Marlies (1976): Vom Engagement absoluter Poesie.Zur Lyrik und Ästhetik Paul Celans.Frankfurt a.M.

Koelle, Lydia (1997): Paul Celans pneumatisches Judentum.Gott-Rede und menschliche Existenz nach der Shoah.Mainz

Lämmert, Eberhard (1994): Peter Szondi. Ein Rückblick zu seinem 65. Geburtstag. In: Poetica 26, S. 1 – 30

Lehmann, Jürgen (Hg.) (1997): Kommentar zu Paul Celans «Die Niemandsrose». Heidelberg

– (Hg.) (2005): Kommentar zu PCs«Sprachgitter». Heidelberg

– /**Ivanovic, Christine** (Hg.) (1997): Stationen. Kontinuität und Entwicklung in PCs Übersetzungswerk. Heidelberg

Lemke, Anja (2002): Konstellation ohne Sterne. Zur poetischen und geschichtlichen Dimension einer Sprachfigur bei Martin Heidegger und PC.München

Lyon, James K. (1987): Die (Patho-)Physiologie des Ichs in der Lyrik PCs. In: Zeitschrift für deutsche Philologie 106, Heft 4, S. 591 – 608

– (1989): Judentum, Antisemitismus, Verfolgungswahn: Celans «Krise» 1960 – 1962. In: Celan-Jahrbuch 3, S. 175 – 204

Martin Heidegger und PC.München

Meinecke, Dietlind (Hg.) (1970): Über Paul Celan.Frankfurt a.M.

Neubauer, John/Wertheimer, Jürgen (Hg.) (1997): Celan und/in Europa.=arcadia 32(1997),Heft 1

Neumann, Peter Horst (1990): Zur Lyrik PCs. Göttingen

Olschner, Leonard M. (1985): Der feste Buchstab. Erläuterungen zu PCs Gedichtübertragungen. Göttingen / Zürich

Pöggeler, Otto (1986): Spur desWorts. Zur Lyrik PCs. Freiburg / Br.

– / **Jamme, Christoph** (Hg.) (1993): «Der glühende Leertext». Annäherungen an PCs Dichtung.München

Reichert, Klaus (1988): Hebräische Züge in der Sprache Paul Celans. In: Hamacher (s. unter 1), S.156-169

Schöne, Albrecht (2000): Dichtung als verborgene Theologie. Versuch einer Exegese von PCs «Einem, der vor der Tür stand». 2., überarb. Aufl.

Seng, Joachim(1998): Auf den Kreis-Wegen der Dichtung. Zyklische Komposition bei PC am Beispiel der Gedichtbände bis «Sprachgitter». Heidelberg

Shoham, Chaim / Witte, Bernd (Hg.) (1987): Datum und Zitat bei PC. Akten des Internationalen PC-Colloquiums Haifa 1986. Bern u. a.

Sideras, Agis (2005): PC und Gottfried Benn. Zwei Poetologien nach 1945. Würzburg

Sieber, Mirjam (2007): PCs «Gespräch im Gebirg». Erinnerung an eine «versäumte Begegnung». Tübingen

Sparr, Thomas (1989): Celans Poetik des hermetischen Gedichts. Heidelberg

Speier, Hans-Michael (Hg.) (2002): Gedichte von PC. Interpretationen. Stuttgart

Szondi, Peter (1972): Celan-Studien. Frankfurt a.M.

Werner, Uta (1998): Textgräber. PCs geologische Lyrik.München

Wiedemann, Barbara (2004a): «Ins Hirn gehaun» – PCs Deutung desWahnsinns. In: Germanisch-romanische Monatsschrift 54, S. 433 – 452

– (2004b): «Lesen Sie! Immerzu nur lesen». C.-Lektüre und C.-Lektüren. In:Poetica 36, S. 169 – 191

– (2009): «Stückgut». Zur Alltagsfracht inPCs späten Gedichten. In: Jahrbuch für Literatur und Politik 4, S. 33 – 52

- (2010): «bis hierher und nicht weiter». I. Bachmann als Lyrikerin im Zeichen PCs. In: Treibhaus 6, S. 178 – 207
- (2013a): «Ein Faible für Tübingen». PC in Württemberg / Deutschland und PC. Tübingen
- (2013b): «uns Überlebenden». Günter Grass häutet seine Zwiebel. In: Treibhaus 9, S. 204 – 232

Zanetti, Sandro (2006): «zeitoffen». Zur Chronographie PCs. München

图片来源

Fotos: Archiv des Bukowina-Instituts Augsburg: 30, 76

© Anemone Bekemeier, Berlin: 32

Aus: Israel Chalfen: Paul Celan. Eine Biographie seiner Jugend. Frankfurt a.M. 1983: 34 (Esriel Schrager), 36 (Blanca Berman), 40 (Malzia Fischmann-Kahwe)

Edith Silbermann, Düsseldorf: 42, 54, 52

Dr.Marina Dmitrieva-Einhorn, Bremen: 47

Deutsches Literaturarchiv, Bildabteilung, Marbach: 49, 201 mit freundlicher Genehmigung von Eric

Celan und dem Suhrkamp Verlag

Rose Ausländer-Stiftung, Köln: 50

Walter Lepkowitz, Köln: 56

Aus: In der Sprache der Mörder. Erarb. und hg. von Ernest Wichner und HerbertWiesner, Literaturhaus Berlin 1993: 65, 74 (©Muzeul literaturii române, Bukarest)

Ingeborg Bachmanns Erben, KötschachMauthen: 98 (Foto:Wolfgang Kudronofsky)

© Kiepenheuer undWitsch Verlag, Köln : 110

© Josef Haid Verlag, Klagenfurt: 146

Eric Celan, Paris: 3 (Foto: Gisèle Celan-Lestrange), 117, 178 S. Fischer Verlag, Frankfurt

Kungliga Biblioteket, Stockholm, © Erik Brandius, Stockholm: 160 (Foto: Anna Riwkin)

Aus: Paul Celan: Atemkristall. Radierungen von Gisèle Celan-Lestrange. Faksimile der bibliophilen Ausgabe von 1965 (Brunidor, Vaduz). Frankfurt a.M. 1990: 180 (mit freundlicher Genehmigung des Suhrkamp Verlags)

© Galerie Pierre Brullé, Paris: 183 (Foto: Karl Flinker)

Rita Lutrand, Paris: 184

Roger-Viollet, Paris: 194

Ilana Shmueli, Tel Aviv: 203, 207

沃夫冈·埃梅里希 | 作者
Wolfgang Emmerich

1941年生于德国萨克森州西部的开姆尼茨，1968年起任教于德国图宾根大学，1978年起任德国不莱梅大学近代文学与文化史教授，亦在美国、法国、意大利等地的多所大学任客座教授。沃夫冈·埃梅里希专研德国文学、历史与哲学，他在日耳曼语言文学、民俗学史、前东德文学等领域均有著述出版。

梁晶晶 | 译者

北京大学德语语言文学系讲师，曾以策兰诗学及生平为题撰写博士和硕士论文。

Original Title: Paul Celan
Copyright © 1999 by Rowohlt Taschenbuch Verlag GmbH, Reinbek bei Hamburg
Chinese language edition arranged through HERCULES Business & Culture GmbH, Germany.
Simplified Chinese edition copyright © 2021 Shanghai Elegant People Books Co. Ltd.
All rights reserved.

江苏省版权局著作权合同登记　图字：10-2021-400号

图书在版编目（ＣＩＰ）数据

策兰传 /（德）沃夫冈·埃梅里希著；梁晶晶译
. —南京：南京大学出版社，2022.1
 ISBN 978-7-305-24671-5

Ⅰ.①策… Ⅱ.①沃… ②梁… Ⅲ.①保罗·策兰—传记 Ⅳ.①K835.165.6

中国版本图书馆CIP数据核字(2021)第125398号

出版发行　南京大学出版社
社　　址　南京市汉口路22号　邮编　210093
出 版 人　金鑫荣

书　　名　策兰传
著　　者　［德］沃夫冈·埃梅里希
译　　者　梁晶晶
责任编辑　付　裕
策 划 人　方雨辰
特约编辑　刘　琼
装帧设计　方　为
印　　刷　山东临沂新华印刷物流集团有限责任公司
开　　本　889mm×1194mm　1/32　印张 8.25　字数 186千字
版　　次　2022年1月第1版　2022年1月第1次印刷
ISBN 978-7-305-24671-5
定　　价　65.00元

网　　址：http://www.njupco.com
官方微博：http://weibo.com/njupco
官方微信：njupress
销售咨询：（025）83594756

* 版权所有，侵权必究
* 凡购买南大版图书，如有印装质量问题，请与所购图书销售部门联系调换

雅众·传记

《当我们被生活淹没：卡佛传》
[美]卡萝尔·斯克莱尼卡 著 | 戴大洪 译

《米兰·昆德拉：一种作家人生》
[法]让-多米尼克·布里埃 著 | 刘云虹 许钧 译

《苏珊·桑塔格传》（暂名）
[法]贝亚特丽斯·穆斯利 著 | 周融 译

《策兰传》
[德]沃夫冈·埃梅里希 著 | 梁晶晶 译

《布罗茨基传》
[美] 列夫·洛谢夫 著 | 刘文飞 译

……